여행
프랑스어

여행 프랑스어 나만 믿어!

2011년 11월 3일 1판 1쇄 인쇄 / 2011년 11월 8일 1판 1쇄 발행

지은이 | TOMATO 교재편집팀 / **펴낸이** | 김남일

펴낸곳 | **TOMATO** / **등록번호** | 제 6-0622호

주소 | 서울 동대문구 답십리1동 469-3 월드씨티빌딩 501호

전화 | 0502-600-4925 / **팩스** | 0502-600-4924

ISBN 978-89-91068-48-3

파본은 교환해 드립니다(정가는 표지에 있습니다).

토마토출판사 홈페이지(www.tomatobooks.co.kr)

이 도서의 국립중앙도서관 출판시도서목록(CIP)은
e-CIP홈페이지(http://www.nl.go.kr/ecip)와
국가자료공동목록시스템(http://www.nl.go.kr/kolisnet)에서
이용하실 수 있습니다.(CIP제어번호: CIP2011004492)

여행 프랑스어
나만 믿어

프랑스어를 공용어로 쓰는 나라는 프랑스, 벨기에, 스위스, 캐나다 그리고 아프리카 등 약 21개국에 달하고, 전 세계 1억 명 정도의 인구가 사용하고 있습니다. 프랑스와 모나코에서 국어로 쓰이며, 벨기에, 스위스, 캐나다와 미국 일부 주에서는 제1언어로 사용됩니다. 또한 튀니지, 알제리, 모로코 등과 라틴아메리카의 일부 국가에서는 공용어로 쓰고 있습니다. 영어가 국제어로서 널리 쓰이면서 제2외국어로 물러났지만 아름답고 세련된 국제어로서 영어, 스페인어 등과 함께 여전히 널리 통용되고 있습니다.

이 책은 여행자들이 무리 없이 의사소통이 가능하도록 여행의 순서에 따라 장면을 나누고 각 장면마다 약 10개의 자주 쓰는 회화로 구성해서 최소한의 기본적인 회화가 가능하도록 구성한 것입니다.

각 장면을 여행의 순서에 따라 구성했습니다.

여행 출발에서 귀국할 때까지 여행 순서에 따라 장면을 구성하고 각 장면은 다양한 세부 상황으로 나누어 각 상황에서 요긴하게 쓸 수 있는 기본적인 회화 표현을 10개 정도 수록했습니다.

짧은 문장을 이용해서 쉽게 말할 수 있도록 했습니다.

쉽게 소리 내어 말할 수 있도록 간단하고 짧은 문장으로 구성해서 여행 시에 자신의 의사를 효과적으로 전달할 수 있도록 했습니다.

원어민의 발음에 충실하게 우리말 발음을 달았습니다.

프랑스어 발음에 익숙하지 않은 여행자들을 위해 우리말 발음을 달아 그대로 읽기만 해도 바로 통할 수 있도록 했습니다.

모르는 말을 찾아 볼 수 있도록 각 장면의 필수단어를 수록했습니다.

한 마디 단어로도 최소한의 의사소통을 할 수 있습니다. 여행 시 모르는 말을 찾아볼 수 있도록 각 장면 뒤에 필수단어를 수록했습니다.

차 례

이 책의 이용법

출발에서 귀국 때까지 여행 순서에 따라 제1장 기본표현을 제외하면 10개의 장면으로 구성되어 있습니다.

각 장면은 여행자가 만나게 되는 다양한 상황으로 나누고 각 상황마다 여행자가 요긴하게 쓸 수 있는 회화 표현을 수록했습니다.

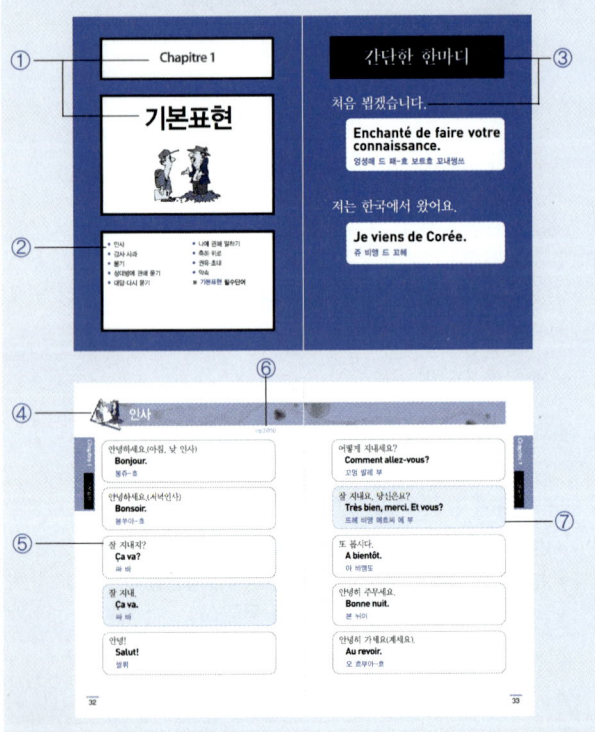

① Chapitre 1

기본표현

② • 인사
• 감사 사과
• 묻기
• 상대방에 관해 묻기
• 대답·다시 묻기

• 내게 관해 말하기
• 축하 인사
• 권유·초대
• 약속
• 기본표현 필수단어

③ 간단한 한마디

처음 뵙겠습니다.

Enchanté de faire votre connaissance.
엉썽떼 드 페-흐 보트흐 꼬네썽쓰

저는 한국에서 왔어요.

Je viens de Corée.
쥬 비엉 드 꼬헤

④ 인사

⑤ 안녕하세요.(아침, 낮 인사)
Bonjour.
봉주-흐

안녕하세요.(저녁인사)
Bonsoir.
봉쑤아-흐

⑥

잘 지내지?
Ça va?
싸 바

잘 지내.
Ça va.
싸 바

안녕!
Salut!
쌀뤼

어떻게 지내세요?
Comment allez-vous?
꼬멍 딸레 부

잘 지내요, 당신은요?
Très bien, merci. Et vous?
트헤 비엉 메흐씨 에 부 ⑦

또 봅시다.
À bientôt.
아 비엉또

안녕히 주무세요.
Bonne nuit.
본 뉘이

안녕히 가세요(계세요).
Au revoir.
오 흐부아-흐

32   33

10

각 장면 뒤에는 그 장면에서 자주 쓰이는 프랑스어 단어를 우리말 사전 순서로 수록해서 쉽게 찾아볼 수 있게 했습니다.

네이티브 스피커가 일상 대화하는 속도로 두 번 반복해서 녹음한 회화 표현을 mp3 CD에 수록했습니다.

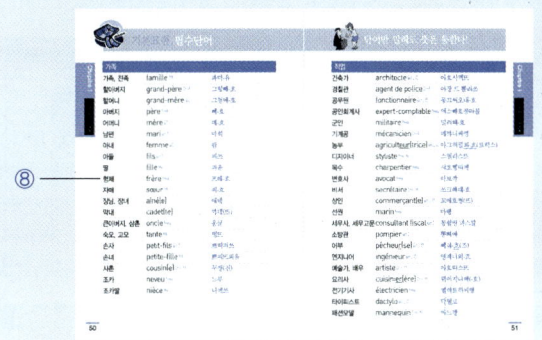

⑧ 각 장면에서 자주 쓰이는 단어를 우리말 사전 순으로 수록해서 언제라도 편리하게 찾아볼 수 있도록 했습니다.

① 장면의 제목을 나타냅니다.

② 해당 장면에 수록되어 있는 여러 상황의 소제목을 나타냅니다.

③ 해당 장면에서 자주 쓰는 회화를 '간단한 한마디'로 수록했습니다.

④ 상황의 제목을 나타냅니다.

⑤ 자주 쓰이는 회화표현을 우리말→프랑스어→우리말 발음 순서로 10개 정도 수록해 두었습니다.

⑥ 해당 상황의 회화가 녹음된 mp3파일의 번호를 나타냅니다. 실제 발음에 충실하게 우리말 발음을 달았지만 정확한 발음은 녹음된 내용으로 연습하시길 바랍니다.

⑦ 대화에 응답하는 표현은 바탕을 다른 색으로 나타냈습니다.

⑧ 각 장면에서 자주 쓰이는 단어를 우리말 사전 순으로 수록해서 언제라도 편리하게 찾아볼 수 있도록 했습니다.

프랑스어 문자와 발음

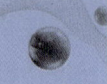

알파베

mp3 **001**

프랑스어 알파베는 영어와 같은 26글자지만 발음에 차이가 있습니다.

대(소)문자	명칭	발음	
A a	아	album 알범	앨범
B b	베	ballet 발레	발레
C c	쎄	café 까페	커피숍
D d	데	danse 덩쓰	춤
E e	으, 에, 애	étude 에뛰드	공부
F f	에프	film 필므	영화
G g	줴	gratin 그하땡	그라탱
H h	아슈	hors-d'œuvre 오흐되브흐	전채
I i	이	idée 이데	생각
J j	지	jour 쥬흐	하루
K k	꺄	kilo 낄로	킬로그램
L l	앨	lampe 럼쁘	전등
M m	앰	mode 모드	유행
N n	앤	nuance 뉘엉쓰	색조
O o	오	opéra 오뻬하	오페라

대(소)문자	명칭	발음	
P p	뻬	pain 뼁	빵
Q q	뀌	coq 꼬끄	수탉
R r	애흐	restaurant 헤스또헝	음식점, 식당
S s	애쓰	soupe 쑤쁘	수프
T t	떼	télévision 뗄레비지옹	텔레비전
U u	위	université 위니베흐씨떼	대학
V v	베	vacances 바껑쓰	휴가
W w	두블르베	wagon 바공	객차
X x	익스	xylophone 질로폰	실로폰
Y y	이그헥끄	yacht 요뜨	요트
Z z	재드	zéro 제호	0

영어에 없는 철자

mp3 **002**

프랑스어에는 알파베 26글자 외에 철자기호가 붙은 글자와 합자가 있습니다. 이 기호를 붙임에 따라 발음과 의미가 달라집니다.

accents(악썽) 글자 위에 각각 ' ' ' ` ' ^ '을 붙인다.	accent aigu(악썽때귀) é	e 위에 ' ' '을 붙인다. ● café 꺄페　　커피
	accent grave(악썽그하브) à, è, ù	a, e, u 위에 ' ` '을 붙인다. ● crème 크헴　　크림
	accent circonflexe(악썽 씨흐꽁플렉스) â, ê, î, ô, û	a, e, i, o, u 위에 ' ^ '을 붙인다. ● gâteau 갸또　　케이크

tréma(트헤마) **ë, ï, ü**	e, i, u 위에 " "을 붙인다. 앞의 모음글자와 독립해서 원래 의 음가대로 따로따로 단어끝까지 발음한다. • Noël 노엘 크리스마스
cédille(쎄디으) **ç**	c 아래에 ' , '을 붙인다. 발음은 [s]이다. • garçon 갸흐쏭 소년
합자 **œ**	o와 e를 결합한 글자이다. • sœur 쐬-흐 누나, 누이동생

발음

1 프랑스어 발음의 특징

프랑스어는 다른 언어와 비교해서 매우 부드럽게 들립니다. 프랑스어
발음의 주요 특징은 다음과 같습니다.

❶ h는 발음하지 않는다.

h는 철자가 있어도 발음하지 않습니다.

• hôtel 오뗄   호텔

❷ [r]은 목 뒤에서 발음한다.

프랑스어의 [r]은 혀끝을 아랫니 뒤에 가볍게 대고 목 깊은 곳에서
내는 소리입니다. 프랑스어에는 'ㅎ' 발음이 없지만 이 책의 한글
표기의 'ㅎ'는 이 발음으로 발음하면 됩니다.

• lettre 레트흐   편지

❸ 비모음이 있다.

프랑스어에는 모음과 자음이 합쳐져 코에서 나오는 소리가 있습니
다. 좀 길게 발음하면 멋지게 들립니다.

- ensemble 엉썽블　함께

④ 단어 끝에 있는 자음글자는 발음하지 않을 때가 많다.

단어 끝에 있는 자음글자는 발음하지 않을 때가 많습니다. 단 발음되는 경우도 있으므로 확인해 둘 필요가 있습니다.

- bouquet 부께　꽃다발
- chef 셰프　책임자

⑤ 단어 끝에 있는 e는 발음하지 않는다.

단어 끝에 있는 e는 발음하지 않습니다.

- rouge 후-쥬　빨간색의

※ é는 단어 끝에서도 [에]라고 발음합니다.
- thé 떼　홍차

② 모음

① 단독 모음의 발음

mp3 004

글자	발음	예	
a, à	아	ami 아미	친구
		là 라	저기
â	아	âme 암	영혼
e	으	demi 드미	절반
é	에	bébé 베베	아기
è	에	mère 메-흐	어머니
ê	에	tête 떼뜨	머리
i, y	이	midi 미디	정오
		stylo 스띨로	만년필
ô	오	côté 꼬떼	옆
u, û	위	sur 쒸흐	위에

15

❷ 조합 모음의 발음

글자	발음	예	
ai, ei	애	faible 패블	약한
		Seine 쎈	센 강
au, eau	오	jaune 쥰	노란
		eau 오	물
ou	우	rouge 후쥬	빨간
eu, œu	우, 외, 으	bleu 블르	파란
		bœuf 뵈프	쇠고기

❸ 비모음의 발음

글자	발음	예	
an, am,	엉	France 프헝쓰	프랑스
en, em		lampe 렁쁘	램프
		ensemble 엉썽블	함께
		empire 엉삐흐	제국
ain, aim,	앵	pain 뺑	빵
ein, eim,		faim 팽	허기
in, im, yn,		plein 쁠랭	가득 찬
ym		enfin 엉팽	마침내
		Reims 행쓰	랭스
		simple 쌩쁠	간단한
		syntaxe 쌩딱쓰	통사론
		symbole 쌩볼	상징
on, om	옹	nombre 농브흐	수
		Japon 쟈뽕	일본
un, um	욍, 앵	lundi 룅디	월요일
		parfum 빠흐푕	향수

❹ 반모음의 발음

글자	발음	예	
oi	우아	noir 누아흐	검은
il	이으	soleil 쏠레이으	태양
	일	ville 빌	도시
ay	애이	crayon 크헤이옹	연필
oy	우아이	voyage 부아야쥬	여행
uy	위이	bruyant 브휘이영	시끄러운

❸ 자음

글자	발음	예	
ç	쓰(a, o, u 앞에서)	garçon 갸흐쏭	소년
b	브	bébé 베베	아기
c	쓰(e, i, y 앞에서)	cinéma 씨네마	영화관
	끄(a, o, u 앞에서)	café 까페	커피
ch	슈	chaise 섀즈	의자
d	드	dessin 데쌩	데생
f	프	film 필므	영화
g	쥬(e, i, y 앞에서)	genou 쥬누	무릎
	그(a, o, u 앞에서)	gare 갸흐	역
gn	뉴	montagne 몽따뉴	산
h	묵음	hôtel 오뗄	호텔
		hauteur 오뙤-흐	높이
j	쥬	bonjour 봉쥬-흐	안녕하세요.
k	끄(외래어에 쓰임)	kilo 낄로	킬로그램

17

글자	발음	예	
l	르	lac 라끄	호수
m	므	maman 마멍	어머니
n	느	neige 내-쥬	눈
p	쁘	papa 빠빠	아빠
ph	프	photo 포또	사진
pr	프흐	printemps 프행떵	봄
q	끄	quatre 꺄트흐	4
r	흐	rasoir 하주아-흐	면도칼
s	쓰	soupe 쑤쁘	수프
	즈(모음 사이에서)	rose 호-즈	장미
t	뜨	table 따블	테이블
th	뜨	thé 떼	홍차
tr	트흐	train 트행	열차
v	브	valise 발리-즈	여행가방
w	브(외래어에 쓰임)	wagon 바공	객차
x	(ㄱ)스	sexe 쎅쓰	성(性)
	(ㄱ)즈	exact 에그작뜨	정확한

프랑스어 기초 문법

명사

1 명사의 성

프랑스어의 모든 명사는 남성명사와 여성명사 그리고 약간의 중성명사로 나눌 수 있습니다. 사람뿐만 아니라 사물에도 성의 구별이 있습니다. 이 책에서는 남성 형을 (m), 여성 형을 (f)로 나타냈습니다.

(남성명사)　père (m) 뻬-흐　아버지　　manteau (m) 멍또　외투

(여성명사)　mère (f) 메-흐　어머니　　écharpe (f) 에샤흐쁘　스카프

2 명사의 복수형

명사의 복수형은 다음과 같은 규칙에 따라 만듭니다. 형용사의 복수형도 같습니다. 이 책에서는 복수형을 (pl.)로 표기했습니다.

단수형 뒤에 s를 붙이는 것이 원칙	livre 리-브흐	책
	livres 리-브흐	책들
s, x, z로 끝나는 말은 변화하지 않는다.	fils 피스	아들
	fils 피스	아들들
eau로 끝나는 말에는 x를 붙인다.	chapeau 샤뽀	모자
	chapeaux 샤뽀	모자들
al로 끝나는 말은 aux가 된다.	animal 아니말	동물
	animaux 아니모	동물들
특별한 복수형을 갖는 것	œil 외이으	눈
	yeux 이유	양쪽 눈

남성 형의 철자를 변형해서 여성 형을 만드는 말이 있습니다. 명사뿐
만 아니라 형용사도 같습니다. 이 책에서는 남성 형 철자에 밑줄을 치
고 여성 형 부분을 괄호 안에 넣었습니다.

남성 형의 철자 뒤에 e를 붙이는 것이 원칙.	anglais(e) 엉글래(-즈)	영국인
남성 형이 e로 끝나는 말은 변화가 없다.	dentiste 덩띠스뜨	치과의사
남성 형이 er로 끝나는 말은 ère가 된다.	étranger(ère) 에트헝졔(-흐)	외국인
남성 형이 en, on, el로 끝나는 말은 자음글자를 중복.	Parisien(ne) 빠히지앵(앤)	파리사람
남성 형이 eux, eur로 끝나는 말은 euse가 된다.	chanteur(se) 성뙤-흐(즈) 단, rice로 변하는 명사도 있다. acteur(trice) 악뙤-흐(트히쓰)	가수 배우
남성 형이 f로 끝나는 말은 ve가 된다.	actif(ve) 악띠프(브)	활동적인

※ 남성 형과 여성 형이 다른 명사, 형용사도 있다.

jumeaux(melles) 쥐모(멜) 쌍둥이 beau(belle) 보(벨) 아름다운

nouveau(velle) 누보(벨) 최신의 vieux(vieille) 비유(비에이으) 늙은

blanc(he) 블렁(슈) 흰

관사

명사 앞에 붙는 관사에는 부정관사, 정관사, 부분관사 세 종류가 있습
니다.

1 부정관사

불특정한 셀 수 있는 명사 앞에 붙이는 관사입니다. 단수 남성명사 앞에는 un, 단수 여성명사 앞에는 une, 복수일 때는 남녀에 관계없이 des를 붙입니다.

	단수		복수	
남성	un sac 앵 싹	배낭 하나	des sacs 데 싹	배낭들
여성	une maison 윈 매종	집	des maisons 데 매종	집들

2 정관사

특정한 것, 종족 전체 또는 하나 뿐인 것을 나타낼 때는 정관사를 붙입니다. 남성명사 앞에는 le, 여성명사 앞에는 la, 복수일 때는 남녀 관계 없이 les입니다. le와 la는 모음 또는 무성 h로 시작하는 명사와 모음 축약이 일어나 l'로 됩니다.

	단수		복수	
남성	le livre 르 리-브흐	그 책	les livres 레 리-브흐	그 책들
	l'hôtel 로뗄	그 호텔	les hôtels 레 조뗄	그 호텔들
여성	la photo 라 포또	그 사진	les photos 레 포또	그 사진들
	l'école 레꼴	그 학교	les écoles 레 제꼴	그 학교들

3 부분관사

셀 수 없는 명사나 추상명사 앞에 붙이는 관사입니다. 남성명사 앞에는 du, 여성명사 앞에는 de la이지만 모음 또는 무성 h로 시작하는 말 앞에는 de l'로 됩니다.

〈남성〉 du vin 뒤 뱅 와인   de l'argent 드 라흐정 돈

〈여성〉 de la bière 드 라 비에흐 맥주   de l'eau 들 로 물

전치사 à, de 바로 뒤에 정관사 le, les가 오면 à+le → au, à+les → aux, de+le → du, de+les → des로 합쳐져 하나의 단어가 된다.

예 café au lait 꺄페 올 래   카페오레

형용사

1 형용사의 위치

대부분의 형용사는 명사 뒤에 붙습니다.

예 une voiture rouge 윈 부아뛰-흐 후쥬   빨간 자동차

다음과 같은 형용사는 명사 앞에 온다.

grand 그헝	큰	petit 쁘띠	작은
bon 봉	좋은, 맛있는	mauvais 모베	나쁜, 서툰
nouveau 누보	최신의	vieux 비유	나이가 많은
beau 보	아름다운	joli 졸리	귀여운
jeune 죈	젊은		

    예 une grande maison 윈 그헝드 매종   큰 집

2 지시형용사

'이' '그' '저' 라고 사람이나 사물을 가리킬 때 씁니다. 단수 남성명사 앞에는 ce, 단수 여성명사 앞에는 cette, 복수명사 앞에는 ces을 붙입니다. 단 모음 또는 무성 h로 시작하는 단수 남성명사 앞에는 cet가 됩니다.

예 ce livre 쓰 리-브흐   이 책
      cette voiture 쎄뜨 부아뛰-흐   이 자동차
      ces livres 세 리-브흐   이 책들

3 소유형용사

소유자를 나타낼 때 쓰는 형용사입니다.

	남성단수	여성단수	남녀복수
나의	mon 몽	ma 마	mes 메
너의, 당신의	ton 똥	ta 따	tes 떼
그의, 그녀의	son 쏭	sa 싸	ses 쎄
우리의	notre 노트흐		nos 노
당신의, 당신들의, 너희들의	votre 보트흐		vos 보
그들의, 그녀들의	leur 뢰-흐		leurs 뢰-흐

📖 mon père 몽 뻬-흐 나의 아버지   ma mère 마 메-흐 나의 어머니
mes parents 메 빠헝 나의 부모

※ 모음이나 무성 h로 시작하는 단수 여성명사 앞에서는 ma, ta, sa 대신에 남성
단수형인 mon, ton, son을 쓴다.

대명사

1 주격 인칭대명사

1인칭	단수	je 쥬 나는
	복수	nous 누 우리는
2인칭	단수	tu 뛰 너는 / vous 부 당신은
	복수	vous 부 당신들은, 너희들은
3인칭	단수	il 일 그는, 그것은 / elle 엘 그녀는, 그것은
	복수	ils 일 그들은, 그것들은 / elles 엘 그녀들은, 그것들은

※ 2인칭 단수 tu는 친한 상대, vous는 친하지 않은 상대에게 사용합니다.

② 직접목적격 인칭대명사

직접목적어를 받는 대명사로 영향을 미치는 동사 바로 앞에 옵니다.

1인칭	단수	me 므 나를
	복수	nous 누 우리들을
2인칭	단수	te 뜨 너를 / vous 부 당신을
	복수	vous 부 당신들을, 너희들을
3인칭	단수	le 르 그를, 그것을 / la 라 그녀를, 그것을
	복수	les 레 그들을, 그녀들을, 그것들을

예 Je connais Thomas. 쥬 꼬내 또마   나는 토마스를 알고 있다.

  → Je le connais. 쥬 르 꼬내   나는 그를 알고 있다.

② 간접목적격 인칭대명사

'à+사람'을 받는 대명사로 영향을 미치는 동사 바로 앞에 옵니다.

1인칭	단수	me 므 나에게
	복수	nous 누 우리들에게
2인칭	단수	te 뜨 너에게 / vous 부 당신에게
	복수	vous 부 당신들에게, 너희들에게
3인칭	단수	lui 뤼이 그에게, 그녀에게
	복수	leur 뢰흐 그들에게, 그녀들에게

예 Je parle à Alain. 쥬 빠흘르 아 알랭   나는 알랭에게 말한다.

  → Je lui parle. 쥬 뤼이 빠흘르   나는 그에게 말한다.

동사

1 er형 규칙동사

er형 규칙동사는 부정형의 어미가 er로 끝나는 동사로 동사의 90%가 er형에 속합니다. er형 규칙동사의 직설법 현재 활용은 어간은 그대로 두고 어미가 주어에 따라 규칙적으로 변화합니다.

예 **danser** 덩쎄   춤추다

1인칭	단수	je danse 쥬 덩쓰
	복수	nous dansons 누 덩쏭
2인칭	단수	tu danses 뛰 덩쓰
	복수	vous dansez 부 덩쎄
3인칭	단수	il danse 일 덩쓰
	복수	ils dansent 일 덩쓰

2 ir형 규칙동사

ir형 규칙동사는 부정형의 어미가 ir로 끝나는 동사입니다. 직설법 현재 활용은 어간은 그대로 두고 어미가 주어에 따라 규칙적으로 변화합니다.

예 **choisir** 슈아지-흐   고르다, 선택하다

1인칭	단수	je choisis 쥬 슈아지
	복수	nous choisissons 누 슈아지쏭
2인칭	단수	tu choisis 뛰 슈아지
	복수	vous choisissez 부 슈아지쎄
3인칭	단수	il choisit 일 슈아지
	복수	ils choisissent 일 슈아지쓰

③ 불규칙동사

예 être 에트흐   이다, 있다

1인칭	단수	je suis 쥬 쉬이
	복수	nous sommes 누 쏨
2인칭	단수	tu es 뛰 에
	복수	vous êtes 부 제뜨
3인칭	단수	il est 일 레
	복수	ils sont 일 쏭

부정문

부정문은 동사를 ne와 pas 사이에 넣어 만듭니다. ne는 모음 또는 묵음 h 앞에서는 모음축약이 일어납니다.

예 Ils sont coréens.　　　　　　　　그들은 한국인이다.
　　일 쏭 꼬헤앵

　→ Ils ne sont pas coréens.　　　　그들은 한국인이 아니다.
　　　일 느 쏭 빠 꼬헤앵

　Elle aime sortir.　　　　　　　　그녀는 외출을 좋아한다.
　엘 램 쏘흐띠-흐

　→ Elle n'aime pas sortir.　　　　그녀는 외출을 좋아하지 않는다.
　　　엘 냄 빠 쏘흐띠-흐

※ 직접목적어에 붙는 부정관사, 부분관사는 모두 de(d')로 변한다.

예 Ils ont une fille.　　　　　　　그들에게는 딸이 있다.
　　일 종 뛴 피이으

　→ Ils n'ont pas de fille.　　　　　그들에게는 딸은 없다.
　　　일 농 빠 드 피이으

의문문

의문문을 만드는 방법은 세 가지가 있습니다.

❶ 문장 끝을 올려서 발음한다.

격의 없는 회화에 쓰입니다.

예 Tu viens avec nous?   너 우리랑 같이 갈래?
뛰 비앵 아베끄 누

❷ 문장 앞에 의미 없는 Est-ce que(qu')를 붙인다.

주로 회화에 쓰입니다.

예 Est-ce que vous êtes professeur?   당신은 선생입니까?
에쓰 끄 부 제뜨 프호페쐬-흐

❸ 주어가 인칭대명사면 동사를 문장 앞에 두고 트레디뇽(–)으로 연결.

격식을 차린 회화나 문장을 쓸 때 쓰입니다.

예 Avez-vous des billets?   표를 갖고 계세요?
아베부 데 비예

여행할 때 자주 쓰는 프랑스어 표현

◆ ~있습니까?　**Avez-vous ~ ?**
　　　　　　　아베 부

건전지 있습니까?
Avez-vous des piles?
아베 부 데 삘

◆ ~은 어디입니까?　**Où est ~?**
　　　　　　　　우 에

가장 가까운 역은 어디입니까?
Où est la station la plus proche?
우 에 라 스따씨옹 라 쁠뤼 프호슈

◆ ~하고 싶어요.　**Je voudrais ~.**
　　　　　　　쥬 부드해

오페라를 보고 싶어요.
Je voudrais regarder un opéra.
쥬 부드해 흐가흐데 앵 오뻬하

◆ ~해도 되겠습니까?　**Puis-je ~?**
　　　　　　　　뿨이 쥬

여기 앉아도 되겠습니까?
Puis-je m'asseoir ici?
뿨이쥬 마쑤아흐 이씨

◆ ~을 부탁합니다. ~, s'il vous plaît.
씰 부 쁠래

커피 주세요.
Un café, s'il vous plaît.
앵 까페 씰 부 쁠래

역이 어디입니까?
La gare, s'il vous plaît.
라 가-흐 씰 부 쁠래

◆ ~을 찾고 있어요. Je cherche ~.
쥬 셰흐슈

출구를 찾고 있어요.
Je cherche la sortie.
쥬 셰흐슈 라 쏘흐띠

◆ ~해 주시겠어요? Pourriez-vous ~.
뿌히에 부

잠깐만 기다려 주시겠어요?
Pourriez-vous attendre une minute?
뿌히에 부 아떵-드흐 윈 미뉘뜨

Chapitre 1

기본표현

간단한 한마디

처음 뵙겠습니다.

Enchanté de faire votre connaissance.

엉성떼 드 패-흐 보트흐 꼬내썽쓰

저는 한국에서 왔어요.

Je viens de Corée.

쥬 비앙 드 꼬헤

안녕하세요.(아침, 낮 인사)
Bonjour.
봉쥬흐

안녕하세요.(저녁인사)
Bonsoir.
봉쑤아흐

잘 지내지?
Ça va?
싸바

잘 지내.
Ça va.
싸바

안녕!
Salut!
쌀뤼

어떻게 지내세요?
Comment allez-vous?

꼬멍 딸레 부

잘 지내요. 당신은요?
Très bien, merci. Et vous?

뜨헤 비앵 메흐씨 에 부

또 봅시다.
A bientôt.

아 비앵또

안녕히 주무세요.
Bonne nuit.

본 뉘이

안녕히 가세요(계세요).
Au revoir.

오 흐부아흐

감사·사과할 때와 대답

고마워요.
Merci.
메흐씨

감사합니다.
Merci beaucoup.
메흐씨 보꾸

정말 고맙습니다.
Je vous remercie.
쥬 부 흐메흐씨

도와주어서 정말 감사합니다.
Je vous remercie de votre aide.
쥬 부 흐메흐씨 드 보트흐 애드

(감사의 인사에 대해) 천만에요.
Je vous en prie.
쥬 부 정 프히

죄송합니다.
Pardon.
빠흐동

실례합니다.
Excusez-moi.
엑스뀌제 무아

늦어서 죄송합니다.
Excusez-moi d'être en retard.
엑스뀌제 무아 데-트흐 엉 흐따-흐

기다리게 해서 죄송합니다.
Je m'excuse de vous avoir fait attendre.
쥬 멕스뀌-즈 드 부 자부아-흐 패 아떵드흐

(사과에 대해) 괜찮아요.
De rien.
드 히앵

mp3 **012**

이것(그것)은 무엇입니까?
Qu'est-ce que c'est?

께쓰 끄 쎄

몇 시입니까?
Quelle heure est-il?

껠뢰-흐 에띨

언제요?/어디요?
Quand?/ Où?

껑   우

뭐지요?/ (값이) 얼마죠?
Quoi? / Combien?

꾸아   꽁비앵

누구세요?
Qui est-ce?

끼 에쓰

왜요? / 몇 시에 ~에요?
Pourquoi? / A quelle heure?

뿌흐꾸아　　　　아 껠로-흐

무슨 일 있어?
Qu'est-ce qu'il y a?

께쓰 낄 리 야

(남성에게) 잠깐 실례하겠습니다. (기혼여성, 미혼여성)
Pardon, <u>Monsieur</u>(Madame, Mademoiselle).

빠흐동 므씨유(마담, 마드무아젤)

(가게에 들어서며) 실례합니다!
Bonjour!

봉쥬-흐

(점원에게) 부탁합니다.
S'il vous plaît.

씰 부 쁠래

상대에 관해 물을 때

어디서 오셨어요?
D'où venez-vous?
두 브네 부

어디로 가세요?
Où allez-vous?
우 알레 부

며칠 머무세요?
Combien de jours restez-vous?
꽁비앙 드 쥬-흐 헤스떼 부

무얼 하러 가세요?
Qu'est-ce que vous allez faire?
께쓰 끄 부 잘레 패-흐

국적이 어떻게 되세요?
Quelle est votre nationalité?
껠 레 보트흐 나씨오날리떼

가족이 있으세요?
Vous avez une famille?
부 자베 쥔 파미으

취미는 뭔가요?
Quels sont vos loisirs?
껠 쏭 보 루아지-흐

어떤 일을 하세요?
Quelle est votre profession?
껠 레 보트흐 프호페씨옹

이름이 뭐예요?
Quel est votre nom?
껠 레 보트흐 농

몇 살이에요?
Quel âge avez-vous?
껠 라쥬 아베 부

네./아니오.
Oui. / Non.
위   농

그렇습니다.
C'est ça.
쎄 싸

알았습니다.
D'accord.
다꼬흐

맞아요. 그렇습니다.
C'est exact.
쎄 떼그작뜨

됐어요.
Non, merci.
농 메흐씨

뭐라고요?
Pardon?

빠흐동

다시 한 번 말해 주세요.
Répétez, s'il vous plaît.

헤뻬떼 씰 부 쁠래

무슨 말인지 이해할 수 없군요.
Je ne comprends pas.

쥬 느 꽁프헝 빠

잘 모르겠어요.
Je ne sais pas.

쥬 느 쌔 빠

좀 천천히 말해 주세요.
Parlez plus lentement.

빠흘레 쁠뤼 렁뜨멍

mp3 **015**

저는 ~에서 왔어요.
Je suis venu(e) de ~.
쥬 쒸이 브뉘 드 ~

~로 갑니다.
Je vais à ~.
쥬 배 아 ~

(장소)에서 (날짜) 체재할 겁니다.
Je vais rester à (장소) pour (숫자) jours.
쥬 배 헤스떼 아 ~ 뿌-흐 ~ 쥬-흐

관광하러 갑니다.
Je vais faire du tourisme.
쥬 배 패-흐 뒤 뚜히슴

저는 한국 사람입니다.
Je suis Coréen(ne).
쥬 쒸이 꼬헤앵(앤)

저는 김인수라고 합니다.
Je m'appelle Insu Kim.
쥬 마뻴 인수 낌

28살입니다.
J'ai 28 ans.
재 뱅뛰이 떵

가족은 ~명입니다.
Il y a ~ personnes dans ma famille.
일 리 야 ~ 뻬흐쏜 덩 마 파미으

취미는 ~입니다.
Mes loisirs sont ~.
메 루아지-흐 쏭 ~

직업은 ~입니다.
Je suis ~.
쥬 쒸이 ~

mp3 **016**

축하드립니다.
Je vous félicite!

쥬 부 펠리씨뜨

축하해요!
Toutes mes félicitations!

뚜-뜨 메 펠리씨따씨옹

생일 축하해요.
Bon anniversaire!

보 나니베흐쌔-흐

결혼 축하해요.
Toutes mes félicitations pour votre mariage.

뚜-뜨 메 펠리씨따씨옹 뿌-흐 보트흐 마히아쥬

행복을 빌어요.
Tous mes vœux de bonheur.

뚜 메 브 드 보뇌-흐

(신년인사) 새해 복 많이 받으세요!
Bonne année.
보 나네

즐거운 성탄절을 보내세요!
Joyeux Noël!
쥬아이유 노엘

(문상할 때) 참 안 됐습니다.
Je suis absolument désolé(e).
쥬 쒸이 압쏠뤼멍 데졸레

삼가 조의를 표합니다.
Je vous présente mes sincères condoléances.
쥬 부 프헤정뜨 메 쌩쎄-흐 꽁돌레엉쓰

권유·초대할 때

mp3 **017**

주말에 시간 있어요?
Vous êtes libre ce week-end?
부 제뜨 리-브흐 쓰 위껜드

언제 식사라도 같이 하지 않겠어요?
On pourrait dîner ensemble un jour?
옹 뿌해 디네 엉썽블 앵 쥬-흐

같이 한 잔 하지 않을래요?
Si on buvait un verre?
씨 옹 뷔배 앵 베-흐

같이 영화 보러 안 갈래요?
Si on allait voir un film ensemble?
씨 오 날래 부아-흐 엉 필드 엉썽블

테니스 어때요?
Ça vous dirait de jouer au tennis?
싸 부 디래 드 쥬에 오 떼니쓰

같이 점심 먹으러 가자!
On va déjeuner ensemble!

옹 바 데죄네 엉썽블

바비큐 파티에 안 올래요?
Ça vous dirait de venir pour le barbecue?

싸 부 디래 드 브니-흐 뿌-흐 르 바흐베뀌

모두들 한 잔 할 모양인데 올래?
Tu prends un verre avec nous?

뛰 프헝 앵 베-흐 아베끄 누

우리 집에 한 번 초대하고 싶은데요.
Je voudrais vous inviter chez moi.

쥬 부드해 부 쟁비떼 셰 무아

꼭 들러 주세요.
N'hésitez pas à venir.

네지떼 빠 아 브니-흐

mp3 **018**

언제 시간이 나세요?
Quand est-ce que vous êtes libre?
껑 데쓰 끄 부 제뜨 리-브흐

내일 괜찮으세요?
Est-ce que vous êtes libre demain?
에쓰 끄 부 제뜨 리-브흐 드맹

내일은 일이 좀 있어요.
Demain j'ai un tas de choses à faire.
드맹 재 앵 따 드 쇼-즈 아 패-흐

일요일이면 언제든 좋아요.
Je suis libre tous les dimanches.
쥬 쒸이 리-브흐 뚤 레 디멍슈

몇 시에 만날까요?
On se voit à quelle heure?
옹 쓰 부아 아 껠뢰-흐

9시쯤 어때요?
Vers 9 heures, ça vous va?
베-흐 뇌뵈-흐 싸 부 바

괜찮아요.
Ça me convient.
싸 므 꼼비앵

어디서 만날까요?
Où est-ce qu'on se retrouve?
우 에쓰 꽁 쓰 흐트후-브

북역은 어때요?
La gare du Nord, ça vous va?
라 가-흐 뒤 노-흐 싸 부 바

거기서 봐요.
Retrouvons-nous là-bas.
흐트후봉 누 라 바

49

가족

가족, 친족	famille (f)	파미-유
할아버지	grand-père (m)	그헝뻬-흐
할머니	grand-mère (f)	그헝메-흐
아버지	père (m)	뻬-흐
어머니	mère (f)	메-흐
남편	mari (m)	마히
아내	femme (f)	팜
아들	fils (m)	피쓰
딸	fille (f)	피유
형제	frère (m)	프헤-흐
자매	sœur (f)	쐬-흐
장남, 장녀	aîné(e)	애네
막내	cadet(te)	꺄데(뜨)
큰아버지, 삼촌	oncle (m)	옹끌
숙모, 고모	tante (f)	떵뜨
손자	petit-fils (m)	쁘띠피쓰
손녀	petite-fille (f)	쁘띠뜨피유
사촌	cousin(e) (m, f)	꾸쟁(진)
조카	neveu (m)	느부
조카딸	nièce (f)	니에쓰

단어만 말해도 뜻은 통한다!

직업		
건축가	architecte (m, f)	아흐시떼끄뜨
경찰관	agent de police (m)	아정 드 뽈리쓰
공무원	fonctionnaire (m, f)	퐁끄씨오내-흐
공인회계사	expert-comptable (m)	엑스뻬흐꽁따블
군인	militaire (m)	밀리때-흐
기계공	mécanicien (m)	메꺄니씨앵
농부	agriculteur(trice) (m, f)	아그히뀔뙤-흐(트히스)
디자이너	styliste (m, f)	스띨리스뜨
목수	charpentier (m)	샤흐뺑띠에
변호사	avocat (m)	아보꺄
비서	secrétaire (m, f)	쓰크헤때-흐
상인	commerçant(e) (m, f)	꼬메흐썽(뜨)
선원	marin (m)	마행
세무사, 세무고문	consultant fiscal (m)	꽁쓀떵 피스꺌
소방관	pompier (m)	뽕삐에
어부	pêcheur(se) (m, f)	뻬쉐-흐(즈)
엔지니어	ingénieur (m, f)	앵졔니외-흐
예술가, 배우	artiste (m, f)	아흐띠스뜨
요리사	cuisinier(ère) (m, f)	뀌이지니에(-흐)
전기기사	électricien (m)	엘렉트히씨앵
타이피스트	dactylo (m, f)	닥띨로
패션모델	mannequin (m, f)	마느깽

프로그래머	programmeur(se) [m, f]	프흐그함뫄-흐(즈)
형사	policier en civil [m]	뽈리씨에 엉 씨빌
회사원	employé(e) [m, f]	엉플루아이에

계절

계절	saison [f]	쎄종
봄	printemps [m]	프행떵
여름	été [m]	에떼
가을	automne [m]	오똔
겨울	hiver [m]	이베-흐

월

월, 한 달	mois [m]	무아
1월	janvier [m]	정비에
2월	février [m]	페브히에
3월	mars [m]	마흐쓰
4월	avril [m]	아브힐
5월	mai [m]	매
6월	juin [m]	쥬앵
7월	juillet [m]	쥬이에
8월	août [m]	우(우뜨)

단어만 말해도 뜻은 통한다!

9월	septembre [m]	쎕떵-브흐
10월	octobre [m]	옥또-브흐
11월	novembre [m]	노벙-브흐
12월	décembre [m]	데썽-브흐
연초	début de l'année [m]	데뷔 들 라네
연말	fin de l'année [f]	팽 들 라네

요일		
날짜, 일	jour [m]	쥬-흐
주	semaine [f]	쓰맨
월요일	lundi [m]	룅디
화요일	mardi [m]	마흐디
수요일	mercredi [m]	메흐크흐디
목요일	jeudi [m]	쥬디
금요일	vendredi [m]	벙드흐디
토요일	samedi [m]	쌈디
일요일	dimanche [m]	디멍슈
주말	week-end [m]	위껜드

날짜

오늘	aujourd'hui	오쥬흐뒤이
오늘 아침	ce matin	쓰 마땡
오늘 오후	cet après-midi	쎄 따프헤미디
오늘 저녁	ce soir	쓰 쑤아-흐
어제	hier	이에-흐
그저께	avant-hier	아벙띠에-흐
내일	demain	드맹
모레	après-demain	아프헤드맹
이번 주	cette semaine	쎄뜨 쓰맨
지난 주	la semaine dernière	라 쓰맨 데흐니에-흐
다음 주	la semaine prochaine	라 쓰맨 프호샌
~일 전	il y a ~ jour(s)	일 리 야 ~ 쥬-흐
~일 후	dans ~ jour(s)	덩 ~ 쥬-흐

숫자(기수)

0	zéro	제호
1	un, une	앵, 윈
2	deux	드
3	trois	트후아
4	quatre	까트흐
5	cinq	쌩끄

6	six	씨쓰
7	sept	쎄뜨
8	huit	위이뜨
9	neuf	뇌프
10	dix	디스
11	onze	옹즈
12	douze	두즈
13	treize	트해즈
14	quatorze	꺄또흐즈
15	quinze	깽즈
16	seize	쌔즈
17	dix-sept	디쎄뜨
18	dix-huit	디쥐이뜨
19	dix-neuf	디즈뇌프
20	vingt	뱅
21	vingt et un(e)	뱅떼앵(윈)
22	vingt-deux	뱅드
23	vingt-trois	뱅트후아
30	trente	트헝뜨
31	trente et un(e)	트헝떼앵(윈)
32	trente-deux	트헝뜨 드
40	quarante	꺄헝뜨
50	cinquante	쌩껑뜨

60	soixante	쑤아썽뜨
70	soixante-dix	쑤아썽뜨 디스
71	soixante et onze	쑤아썽 떼 옹즈
72	soixante-douze	쑤아썽뜨 두즈
80	quatre-vingts	꺄트흐뱅
81	quatre-vingt-un(e)	꺄트흐뱅앵(윈)
82	quatre-vingt-deux	꺄트흐뱅드
90	quatre-vingt-dix	꺄트흐뱅디스
91	quatre-vingt-onze	꺄트흐뱅옹즈
100	cent	썽
101	cent un(e)	썽 앵(윈)
200	deux cents	드썽
201	deux cent un(e)	드썽 앵(윈)
1000	mille	밀
1001	mille un(e)	밀 앵(윈)
2000	deux mille	드 밀
10000	dix mille	디 밀
백만	million [m]	밀리옹
10억	milliard [m]	밀리야흐
1조	billion [m]	빌리옹

숫자(서수)

첫째의	premi<u>er</u>(ère)	프흐미에(흐)
둘째의	deuxième/second(e)	드지엠 / 쓰공(드)
셋째의	troisième	트후아지엠
넷째의	quatrième	꺄트히엠
21번째의	vingt et unième	뱅떼위니엠
마지막의	dern<u>ier</u>(ère)	데흐니에(-흐)

분수·소수

반	moitié [f]	무아띠에
1/2	demi	드미
1/3	un tiers	앵 띠에-흐
1/4	un quart	앵 꺄흐
3/4	trois quarts	트후아 꺄흐
1/5	un cinquième	앵 쌩끼엠
3/5	trois cinquièmes	트후아 쌩끼엠
두 배	deux fois/double	드 푸아 / 두블
세 배	trois fois/triple	트후아 푸아 / 트히쁠
소수점(,)	virgule [f]	비흐귈
한 다스	douzaine [f]	두잰
20퍼센트	vingt pour cent	뱅 뿌흐 썽

방위

동	est (m)	에스뜨
서	ouest (m)	우에스뜨
남	sud (m)	쒸드
북	nord (m)	노-흐
프랑스 북부	Nord (m)	노-흐
프랑스 남부	Midi (m)	미디
동쪽의, 동양의	oriental(e)	오히엉딸
서쪽의, 서양의	occidental(e)	옥씨덩딸
남쪽의, 남프랑스의	méridional(e)	메히디오날
북쪽의	septentrional(e)	쎕떵트히오날
북위	latitude nord (f)	라띠뛰드 노-흐
동경	longitude est (f)	롱지뛰드 에스트

위치

앞에	devant	드벙
맞은 편에	en face (de)	엉 파쓰 (드)
뒤에	derrière	데히에-흐
옆에	à côté (de)	아 꼬떼 (드)
가까이에	près (de)	쁘헤 (드)
멀리	loin (de)	루앙 (드)
오른쪽에	à droite (de)	아 드후아뜨 (드)

왼쪽에	à gauche (de)	아 고슈 (드)
사이에	entre	엉뜨흐
모퉁이에	au coin (de)	오 꾸앵 (드)
한가운데	au milieu (de)	오 밀리유 (드)
주위에	autour (de)	오뚜-흐 (드)
양쪽에	des deux côtés (de)	데 드- 꼬떼 (드)
안쪽에	au fond (de)	오 퐁 (드)
위에	sur	쒸-흐
아래에	sous	쑤
안에	dans	덩
속에	dedans	드덩
밖에	dehors	드오-흐
여기에	ici	이씨
거기에	là	라
저기에	là-bas	라바
여기저기에	par-ci par-là	빠흐씨 빠흘라
도처에	partout	빠흐뚜

Chapitre 2

비행기 여행

- 항공권 구입
- 탑승 수속
- 기내
- 환승
- 비행기 예약재확인
- ※ 비행기여행 필수단어

간단한 한마디

제 자리는 어디입니까?

Où est ma place?

우 에 마 쁠라쓰

이 비행기는 정시에 도착합니까?

Cet avion arrivera à l'heure?

쎄 따비옹 아히브하 알뢰-흐

항공권 구입

파리 가는 비행 편 예약을 부탁합니다.
Je voudrais réserver une place sur un vol pour Paris.
쥬 부드해 헤제흐베 윈 쁠라쓰 쒸흐 앵 볼 뿌-흐 빠히

12월 21일 그르노블까지 부탁합니다.
Le 21 décembre, pour Grenoble, s'il vous plaît.
르 뱅떼앵 데썽브흐 뿌-흐 그흐노-블 씰 부 쁠래

왕복으로(편도로) 부탁합니다.
Un aller-retour(aller simple), s'il vous plaît.
앵 알레 흐뚜-흐(알레 쌩쁠) 씰 부 쁠래

일반석으로 좌석이 있습니까?
Est-ce qu'il y a une place en économique?
에쓰 껠 리 야 윈 쁠라쓰 엉 에꼬노미끄

내일이면 빈 좌석이 있습니까?
Il restera encore quelques places demain?
일 헤스트하 엉꼬-흐 껠끄 쁠라쓰 드맹

7월 5일 경 파리 가는 할인항공권 있습니까?
Avez-vous un billet de réduction pour Paris vers le 5 juillet?

아베 부 앵 비예 드 헤뒥씨옹 뿌-흐 빠히 베흐 르 쌩끄 쥐이에

어느 항공사입니까?
Quelle est la compagnie aérienne?

껠 레 라 꽁빠니 아에히앤

몇 편입니까?
Quel est le numéro de vol?

껠 레 르 뉘메호 드 볼

파리 가려면 어느 편을 탈 수 있습니까?
Qu'est-ce que vous avez comme vols pour aller a Paris?

께쓰 끄 부 자베 꼼 볼 뿌흐 알레 아 빠히

몇 시에 체크인 해야 합니까?
A quelle heure dois-je me faire enregistrer?

아 껠뢰-흐 두아 쥬 므 패-흐 엉흐지스트헤

63

탑승 수속

mp3 020

에어 프랑스 카운터는 어디죠?
Où est le comptoir d'Air France?
우 에 르 꽁뚜아흐 대흐 프헝쓰

파리까지 부탁합니다.
Pour Paris, s'il vous plaît.
뿌흐 빠히 씰 부 쁠래

창 측 좌석(통로 측 좌석)을 부탁합니다.
Côté fenêtre(Côté couloir), s'il vous plaît.
꼬떼 프네-트흐(꼬떼 꿀루아-흐) 씰 부 쁠래

금연석으로 부탁합니다.
Une place non-fumeur, s'il vous plaît.
윈 쁠라쓰 농 퓌뫼-흐 씰 부 쁠래

친구와 같이 앉을 수 있게 해 주세요.
Je voudrais être assis(e) à côté d'un ami(d'une amie).
쥬 부드해 에트흐 아씨(즈) 아 꼬떼 됭 나미(뒨 아미)

이것을 기내에 가지고 탈 수 있습니까?
Est-ce que je peux prendre ça dans la cabine?
에쓰 끄 쥬 뿌 프헝드흐 싸 덩 라 까빈

이 가방에는 깨지기 쉬운 물건이 들어 있어요.
Il y a a des objets fragiles dans cette valise.
일 리 야 데 조브제 프하질 덩 쎄뜨 발리-즈

짐은 파리로 보내주세요.
Vol direct pour Paris.
볼 디헥뜨 뿌흐 빠히

탑승은 몇 시입니까?
A quelle heure dois-je m'embarquer?
아 껠뢰-흐 두아쥬 멍바흐께

탑승구는 몇 번입니까?
Quel est le numéro de la porte d'embarquement?
껠 레 르 뉘메호 드 라 뽀흐뜨 덩바흐끄멍

mp3 **021**

(탑승권을 보이며) 제 자리는 어디입니까?
Où est ma place?
우 에 마 쁠라쓰

오렌지 주스 주세요.
Du jus d'orange, s'il vous plaît.
뒤 쥐 도헝쥬 씰 부 쁠래

담요를 갖다 주세요.
Donnez-moi une couverture.
도네 무아 윈 꾸베흐뛰-흐

멀미약 있습니까?
Vous avez un cachet contre le mal de l'air?
부 자베 앙 까셰 꽁트흐 르 말 드 래-흐

닦아낼 걸 좀 주세요.
Je voudrais quelque chose pour essuyer.
쥬 부드해 껠끄 쇼-즈 뿌-흐 에쒸이에

저녁식사는 몇 시죠?

Le dîner est à quelle heure?

르 디네 에 따 껠뢰-흐

(뒷좌석 승객에게) 의자를 뒤로 젖혀도 되겠습니까?

Puis-je incliner mon dossier?

쀠이 쥬 앵끌리네 몽 도씨에

(기내식) 고기로 부탁합니다.

Je préfère la viande.

쥬 프헤페흐 라 비엉드

파리에는 몇 시에 도착하죠?

On arrive à Paris à quelle heure?

옹 아히브 아 빠히 아 껠뢰-흐

입국카드 작성을 도와주시겠어요?

Voulez-vous m'aider à remplir ma fiche?

불레 부 매데 아 험쁠리-흐 마 피슈

환승

(표를 가리키며) 이 비행기로 환승하려고요.
Je voudrais prendre ce vol.
쥬 부드해 프헝드흐 쓰 볼

에어 프랑스 칸 행 29편으로 환승할 겁니다.
Je dois prendre une correspondance.
C'est le vol Air France 29 pour Cannes.
쥬 두아 프헝드흐 윈 꼬헤스퐁덩쓰   쎄 르 볼 애-흐 프헝쓰
뱅뇌프 뿌-흐 꺈느

런던 행 비행기 탑승구는 몇 번입니까?
Quelle est la porte pour Londres?
껠레 라 뽀흐뜨 뿌-흐 롱드흐

2A 터미널은 어떻게 갑니까?
Comment on peut aller au terminal 2A?
꼬멍 옹 뿌 알레 오 떼흐미날 드 아

마드리드 편은 여기가 맞습니까?
Ici c'est bien pour Madrid?
이씨 쎄 비앙 뿌-흐 마드히드

탑승은 몇 시입니까?
L'embarquement commence à quelle heure?

렁바흐끄멍 꼬멍 싸 껠뢰-흐

대기시간은 얼마나 됩니까?
Combien de temps faut-il attendre?

꽁비앵 드 떵 포띨 아떵드흐

짐은 그냥 둬도 됩니까?
Peut-on laisser les bagages?

뿌똥 래쎄 레 바가쥬

연결 편을 못 탔는데 다른 비행 편으로 바꿔 주시 겠어요?
J'ai raté ma correspondance. Je voudrais prendre un autre vol.

쟤 하떼 마 꼬헤스퐁덩쓰   쥬 부드해 프헝드흐 앵 오트흐 볼

다음 비행 편은 몇 시 출발입니까?
A quelle heure part le prochain vol?

아 껠뢰-흐 빠-흐 르 프호생 볼

mp3 **023**

여보세요, 에어 프랑스입니까?
Allo! Air France?

알로 애-흐 프헝쓰

예약 재확인을 부탁합니다.
Je voudrais reconfirmer ma réservation.

쥬 부드해 흐꽁피흐메 마 헤제흐바씨옹

5월 7일 금요일 서울까지입니다.
Le vendredi, 7 mai pour Séoul.

르 벙드흐디 쎄뜨 매 뿌흐 쎄울

성함을 가르쳐 주시겠어요?
Votre nom, s'il vous plaît.

보트흐 농 씰 부 쁠래

어느 편입니까?
Par quel vol?

빠흐 껠 볼

제 이름은 김 인수이고 12월 15일 25편 파리행입니다.

Je m'appelle Insu Kim. J'ai réservé une place sur le vol 25 du 15 décembre à destination de Paris.

쥬 마뻴 인수 낌　　재 헤제흐베 윈 쁠라쓰 쒸흐 르 볼 뱅쌩끄 뒤 깽즈 데썽브흐 아 데스띠나씨옹 드 빠히

제 이름이 명단에 있습니까?

Mon nom figure-t-il sur la liste?

몽 농 피귀흐 띨 쒸흐 라 리스뜨

네, 재확인했습니다.

Oui, c'est reconfirmé.

위 쎄 흐꽁피흐메

몇 시에 체크인 해야 합니까?

A quelle heure dois-je me faire enregistrer?

아 껠뢰-흐 두아 쥬 므 패-흐 엉흐지스트헤

객실(비행기의)	cabine (f)	까빈
경유승객	passager en transit (m)	빠싸제 엉 트헝지뜨
공항	aéroport (m)	아에호뽀-흐
공항이용료	taxe d'aéroport (f)	딱쓰 다에호뽀-흐
공항안내소	bureau de renseignements (m, pl.)	뷔호 드 헝쎄뉴멍
공항터미널	aérogare (f)	아에호갸흐
구명조끼	gilet de sauvetage (m)	질레 드 쏘브따-쥬
국내선	ligne intérieure (f)	리뉴 앵떼히외-흐
국제선	ligne internationale (f)	리뉴 앵떼흐나씨오날
금연석	place non fumeur (f)	쁠라쓰 농 퓌뫼-흐
기내식	repas de bord (m)	흐빠 드 보-흐
기장	capitaine (m)	까삐땐
기항지	escale (f)	에스꺌
기항하다	faire escale	패-흐 에스꺌
기항횟수	arrêts (m, pl.)	아헤
날개	aile (f)	엘
노선	villes desservies (f)	빌 데쎄흐비
녹차	thé vert (m)	떼 베-흐
늦어지다	retarder	흐따흐데
담요	couverture (f)	꾸베흐뛰-흐
대기자 명단	liste d'attente (f)	리스뜨 다떵뜨
도착	arrivée (f)	아히베

Chapitre 2

비행기 여행 단어

도착하다	arriver	아히베
레드와인	vin rouge [m]	뱅 후쥬
레몬차	thé au citron [m]	떼 오 씨트홍
~로	pour	뿌흐
맥주	bière [f]	비에-흐
멀미봉지	sac vomitoire [m]	싹 보미뚜아흐
면세수속카운터	bureau de la détaxe [m]	뷔호 드 라 데딱쓰
면세품	articles détaxés [m, pl.]	아흐띠끌 데딱쎄
목적지	destination [f]	데스띠나씨옹
무료의	gratuit	그하뛰이
물	eau [f]	오
베개	oreiller [m]	오헤이에
변경하다	changer	셩졔
비상구	sortie de secours [f]	쏘흐띠 드 쓰꾸-흐
비즈니스 클래스	classe affaires [f]	끌라쓰 아패-흐
비행 편	vol [m]	볼
비행기	avion [m]	아비옹
사과주스	jus de pomme [m]	쥐 드 뽐
사무장	chef de cabine [m]	셰프 드 꺄빈
산소마스크	masque à oxygène [m]	마스 까 옥씨졘
수하물(기내)	bagage à main [m]	바가 쟈 맹
수하물임시보관소	consigne [f]	꽁씨뉴
스튜어디스	hôtesse de l'air [f]	오떼쓰 드 래-흐

승객	passager [m]	빠싸졔
승무원	équipage [m]	에끼빠-쥬
시각표	horaire [m]	오해-흐
시차	décalage horaire [m]	데꺌라-쥬 오해-흐
신문	journal [m]	쥬흐날
안개	brouillard [m]	브후이야-흐
안내방송	annonce [f]	아농쓰
에스컬레이터	escalator [m]	에스꺌라또-흐
엘리베이터	ascenseur [m]	아썽쐬-흐
여객기	avion de ligne [m]	아비옹 드 리뉴
여권	passeport [m]	빠쓰뽀-흐
여행가방	valise [f]	발리-즈
예약	réservation [f]	헤제흐바씨옹
오렌지주스	jus d'orange [m]	쥐 도헝쥬
왕복	aller-retour [m]	알레 흐뚜-흐
요일	jours [m]	쥬-흐
운임	tarifs [m]	따히프
기내식사 서비스	service [m]	쎄흐비쓰
유모차	poussette [f]	뿌세드
유효기간	durée de validité [f]	뒤헤 드 발리디떼
이륙	décollage [m]	데꼴라-쥬
이어폰	écouteurs [m, pl.]	에꾸뙤-흐
이코노미 클래스	classe économique [f]	끌라쓰 에꼬노미끄

단어만 말해도 뜻은 통한다!

인환권	voucher [m]	바우췌흐
임시 편	vol supplémentaire [m]	볼 쒸쁠레멍때-흐
잡지	magazine [m]	마갸진
전세기	vol charter [m]	볼 샤흐떼-흐
정기편	vol régulier [m]	볼 헤귈리에
젖은	mouillé	무이에
제트기	jet [m]	졔뜨
조종사	pilote [m]	삘로뜨
조종석	cabine de pilotage [f]	꺄빈 드 삘로따쥬
종이기저귀	couche en papier [f]	꾸슈 엉 빠삐에
좌석번호	numéro de siège [m]	뉘메호 드 씨에-쥬
좌석벨트	ceinture [f]	쎙뛰-흐
좌석	siège [m]	씨에-쥬
중량초과	excédent [m]	엑쎄덩
직행	direct	디헥뜨
직행 편	vol direct [m]	볼 디헥뜨
짐칸	compartiment à bagages [m]	꽁빠흐띠멍 아 바갸쥬
착륙	atterrissage [m]	아떼히싸-쥬
창 측	côté hublot [m]	꼬떼 위블로
체크인카운터	comptoir d'enregistrement [m]	꽁뚜아-흐 덩흐지스트흐멍
체크인하다	enregistrer	엉흐지스트헤

Chapitre 2

비행기 여행 단어

추가요금	supplément (m)	쉬쁠레멍
출발	départ (m)	데빠-흐
출발하다	partir	빠흐띠-흐
취소요금	frais d'annulation (pl.)	프해 다뉠라씨옹
취소하다	annuler	아뉠레
카트	chariot (m)	샤히오
커피	café (m)	까페
탑승구	porte d'embarquement (f)	뽀흐뜨 덩바흐끄멍
탑승구 번호	numéro de la porte d'embarquement (m)	뉘메호 드 라 뽀흐뜨 덩바흐끄멍
탑승권	carte d'embarquement (f)	꺄흐뜨 덩바흐끄멍
탑승대기	stand-by (m)	스떵바이
탑승하다	s'embarquer	썽바흐께
토마토주스	jus de tomate (m)	쥐 드 또마뜨
통로 측	côté couloir (m)	꼬떼 꿀루아-흐
트랩	passerelle (f)	빠쓰헬
트럼프	carte à jouer (f)	꺄흐뜨 아 쥬에
퍼스트 클래스	première classe (f)	프흐미에흐 끌라쓰
편도	aller simple (m)	알레 쌩쁠
편명	vols (m)	볼
프로펠러기	avion à hélices (m)	아비오 나 엘리쓰

하물 인환증	coupon-bagages (m)	꾸뽕바갸쥬
하물 찾는 곳	livraison des bagages (f)	리브해종 데 바갸쥬
항공권	billet d'avion (m)	비예 다비옹
항공사	compagnie aérienne (f)	꽁빠니 아에히얀
항공요금	prix de l'avion (m)	프히 드 라비옹
현지시간	heure locale (f)	외-흐 로꺌
홍차	thé (m)	떼
화이트와인	vin blanc (m)	뱅 블렁
화장실	toilettes (f, pl.)	뚜알레뜨
확인하다	confirmer	꽁피흐메
환불	remboursement (m)	헝부흐쓰멍
환승	correspondance (f)	꼬헤스뽕덩쓰
환승카운터	comptoir de transit (m)	꽁뚜아-흐 드 트헝지뜨
활주로	piste (f)	삐스뜨
흡연구역	coin fumeur (m)	꾸앵 퓌뫼-흐
흡연석	place fumeur (f)	쁠라쓰 퓌뫼-흐

Chapitre 2

비행기 여행 단어

Chapitre 3

도착과 이동

- 입국심사
- 수하물 찾기
- 세관검사
- 환전
- 관광안내소
- 공항버스 타기
- ※ 도착과 이동 필수단어

간단한 한마디

외국인용 카운터는 어디입니까?

Où est le guichet pour les étrangers?

우 엘 르 기셰 뿌흐 레 제트헝졔

시내로 가는 공항버스가 있습니까?

Y a-t-il un autobus pour aller en ville?

이 야 띨 앵 노또뷔스 뿌흐 알레 엉 빌

mp3 **024**

여권을 좀 보여주세요.
Votre passeport, s'il vous plaît.
보트흐 빠쓰뽀-흐 씰 부 쁠래

여기 있습니다.
Le voici.
르 부아씨

얼마나 체재하실 겁니까?
Combien de temps pensez-vous rester?
꽁비앵 드 떵 뻥쎄 부 헤스떼

3주입니다.
3 semaines.
트후아 쓰맨

입국목적은 뭡니까?
Quel est le but de votre visite?
껠 레 르 뷔뜨 드 보트흐 비지뜨

관광(출장)입니다.
Faire du tourisme(affaires).

패-흐 뒤 뚜히슴(아패-흐)

귀국 항공권은 갖고 계십니까?
Avez-vous un billet pour votre retour?

아베 부 앵 비예 뿌흐 보트흐 흐뚜-흐

파리 어디에 머무실 겁니까?
Où allez-vous loger à Paris?

우 알레 부 로제 아 빠히

파리 프라자 호텔입니다.
Je vais rester à l'hotel Plaza de Paris.

쥬 배 헤스떼 아 로뗄 쁠라자 드 빠히

돈은 얼마를 갖고 계십니까?
Combien d'argent avez-vous?

꽁비앵 다흐정 아베 부

mp3 025

어디서 가방을 찾을 수 있습니까?
Où puis-je récupérer mes bagages?
우 쀠이 쥬 헤뀌뻬헤 메 바가-쥬

에어 프랑스 카운터는 어디입니까?
Où est le comptoir d'Air France?
우 엘 르 꽁뚜아-흐 대흐 프헝쓰

저기입니다. / 아래층입니다./ 위층입니다.
Là-bas. / En bas. / En haut.
라바   엉 바   엉 오

카트는 어디 있습니까?
Où sont les chariots à bagages?
우 쏭 레 샤히오 아 바가-쥬

내 가방이 없어졌어요.
Mes bagages sont perdus.
메 바가-쥬 쏭 뻬흐뒤

제 가방을 찾아 주세요.
Pouvez-vous retrouver mes bagages?
뿌베 부 흐트후-베 메 바가-쥬

초록색의 큰 플라스틱 가방입니다.
C'est une grande valise verte en plastique.
쎄 뛴 그헝드 발리-즈 베흐뜨 엉 쁠라스띠끄

수하물보관증 여기 있어요.
C'est mon étiquette de bagages.
쎄 몽 에띠께뜨 드 바가-쥬

내용물은 무엇입니까?
Qu'est-ce qu'il y a dedans?
께쓰 낄 리 아 드덩

(주소를 보이고) 이곳으로 가방을 보내 주세요.
Envoyez mes bagages à cet endroit, s'il vous plaît.
엉부아이에 메 바가-쥬 아 쎄떵드후아 씰 부 쁠래

신고하실 것이 있습니까?
Avez-vous quelque chose à déclarer?
아베 부 껠끄 쇼-즈 아 데끌라헤

아뇨, 없습니다.
Non, rien à déclarer.
농 히앵 아 데끌라헤

가방을 열어주세요.
Vous pouvez ouvrir ce sac?
부 뿌베 우브히-흐 쓰 싹

이건 무엇입니까?
Qu'est-ce que c'est?
께쓰 끄 쎄

전부 개인용품입니다.
Tout ça, ce sont des affaires personnelles.
뚜 싸 쓰 쏭 데 자패-흐 뻬흐쏘넬

술이나 담배를 갖고 계십니까?
Vous avez de l'alcool ou des cigarettes?
부 자베 드 랄꼴 우 데 씨갸헤뜨

스카치위스키를 5병 갖고 있습니다.
J'ai 5 bouteilles de scotch.
재 쌩 부떼이으 드 스꼬치

이건 친구에게 줄 선물입니다.
C'est un cadeau pour mon ami.
쎄 땅 꺄도 뿌-흐 모 나미

이건 반입하지 못 하십니다.
Cet article est interdit.
쎄 따흐띠끌 에 앵떼흐디

이건 과세대상입니다.
Vous devez payer la taxe.
부 드베 빼이에 라 딱쓰

환전

mp3 **027**

환전소는 어디 있습니까?

Où est le bureau de change?

우 엘르 뷔호 드 성쥬

환전을 부탁합니다.

Le change, s'il vous plait.

르 성쥬 씰 부 쁠래

오늘의 환율은 얼마입니까?

Quel est le taux de change aujourd'hui?

껠 레 르 또 드 성쥬 오쥬흐뒤이

이 원화를 유로로 바꿔 주세요.

Changez ces won en euros.

성제 쎄 원 엉 으호

잔돈도 부탁합니다.

Je voudrais de la petite monnaie aussi.

쥬 부드해 드 라 쁘띠뜨 모내 오씨

여행자수표를 현금으로 바꿔 주시겠어요?
Acceptez-vous les chèques de voyage?

악쎕떼 부 레 셰끄 드 부아야-쥬

백 달러는 유로로 얼마나 됩니까?
Combien de euros font 100 dollars?

꽁비앙 드 으호 퐁 썽 돌라흐

20유로짜리 지폐로 주세요.
Des billets de 20 euros, s'il vous plait.

데 비예 드 뱅 으호 씰 부 쁠래

영수증을 주시겠어요?
Je peux avoir un reçu, s'il vous plait?

쥬 뿌 아부아흐 앵 흐쒸 씰 부 쁠래

수수료는 얼마입니까?
Quel est le montant de la commission?

껠 레 르 몽땅 들 라 꼬미씨옹

관광안내소

mp3 **028**

어디서 호텔예약을 할 수 있습니까?
Où puis-je réserver une chambre d'hôtel?
우 쀠이 쥬 헤제흐베 윈 셩-브흐 도뗄

관광안내소는 어디입니까?
Où est l'office du tourisme?
우 에 로피쓰 뒤 뚜히슴

여기서 오늘밤 호텔 예약을 할 수 있습니까?
**On peut réserver une chambre d'hôtel
pour cette nuit?**
옹 뿌 헤제흐베 윈 셩-브흐 도뗄 뿌-흐 쎄뜨 뉘이

시내 지도 주세요.
Je peux avoir un plan de la ville?
쥬 뿌 아부아흐 앵 쁠렁 들 라 빌

공중전화는 어디 있습니까?
Je cherche une cabine téléphonique?
쥬 셰흐슈 윈 까빈 뗄레포니끄

시내로 가장 싸게 가는 방법은 무엇입니까?
Quel est le moyen le moins cher pour aller en ville?

껠 레 르 무아이앵 르 무앵 셰흐 뿌-흐 알레 엉 빌

에어프랑스 버스(드골공항버스)는 어디서 출발합니까?
D'où part la navette Air France(Roissy)?

두 빠-흐 라 나베뜨 애흐 프헝쓰(후아씨)

이 버스는 어디에 정차합니까?
Ce bus s'arrête où?

쓰 뷔스 싸헤뜨 우

표는 어디서 살 수 있습니까?
Où peut-on acheter le ticket?

우 뿌뜽 아슈떼 르 띠께

택시 승차장은 어디입니까?
Où est la station de taxis?

우 엘 라 스따씨옹 드 딱씨

도착과 이동

공항버스 타기

mp3 029

플라자 호텔로 갑니까?
A l'Hôtel Plaza?

아 로뗄 쁠라자

플라자 호텔 근처에 정차합니까?
Est-ce que l'on s'arrête près de l'Hôtel Plaza?

에쓰 끄 롱 싸헤뜨 프헤 드 로뗄 쁠라자

플라자 호텔에 가장 가까운 정류장은 어디입니까?
Quel est l'arrêt le plus proche pour l'Hôtel Plaza?

껠 레 라헤 르 쁠뤼 프호슈 뿌흐 로뗄 쁠라자

플라자 호텔까지 몇 정거장입니까?
Combien d'arrêts pour l'Hôtel Plaza?

꽁비앵 다헤 뿌흐 로뗄 쁠라자

시내까지 얼마입니까?
C'est combien pour le centre ville?

쎄 꽁비앵 뿌흐 르 썽트흐 빌

버스를 잘못 탔어요.
Je me suis trompé(e) d'autobus.

쥬 므 쉬이 트홍뻬 도또뷔스

플라자 호텔에 도착하면 알려 주시겠어요?
Pouvez-vous me dire quand on sera arrivée à l'Hôtel Plaza?

뿌베 부 므 디-흐 껑 똥 쓰하 아히베 아 로뗄 쁠라자

이 자리에 앉아도 되겠어요?
Puis-je m'asseoir ici?

쀠이쥬 마쑤아흐 이씨

어디서 내리면 됩니까?
Où dois-je descendre?

우 두아 쥬 데썽드흐

여기서 내리겠어요!
Je voudrais descendre ici.

쥬 부드해 데썽드흐 이씨

도착과 이동 필수단어

가방	bagage [m]	바갸쥬
가이드북	guide [m]	기드
개인	individu [m]	앵디비뒤
개인여행	voyage individuel [m]	부아야-쥬 앵디비뒤엘
거주자	résident [m]	헤지덩
검역	quarantaine [f]	꺄헝땐
공중전화	téléphone public [m]	뗄레폰 쀠블릭
공항버스	limousine de l'aéroport [f]	리무진 드 라에호뽀-흐
과일	fruits [m, pl.]	프휘이
관광	tourisme [m]	뚜히슴
관광객	touriste [m, f]	뚜히스뜨
관광안내소	office du tourisme [m]	오피스 뒤 뚜히슴
관광코스	itinéraire touristique [m]	이띠네해-흐 뚜히스띠끄
국내선 터미널	terminal pour les vols intérieurs [m]	떼흐미날 뿌흐 레 볼 앵떼히외-흐
국제선 터미널	terminal pour les vols internationaux [m]	떼흐미날 뿌흐 레 볼 앵떼흐나씨오노
귀중품	objets de valeur [m, pl.]	오브제 드 발뢰-흐
김	algues [f, pl.]	알그
내리다	descendre	데썽드흐
노선도	carte routière [f]	꺄흐뜨 루띠에-흐
단체	groupe [m]	그후쁘

단체여행	voyage organisé (m)	부아야-쥬 오흐갸니제
담배	cigarettes (f, pl.)	씨갸헤뜨
도착	arrivée (f)	아히베
도착로비	hall d'arrivée (m)	올 다히베
동반자	accompagnateur (trice) (m, f)	아꽁빠냐뙤-흐 (트히쓰)
목적	but (m)	뷔뜨
목적지	destination (f)	데스띠나씨옹
반입금지품	articles prohibés (m, pl.)	아흐띠끌 프호이베
방문	visite (f)	비지뜨
배달하다	livrer	리브헤
버스승차장	arrêt d'autobus (m)	아헤 도또뷔스
분실물	objets trouvés (m, pl.)	오브제 트후베
비거주자	non-résident (m)	농헤지덩
비수기	basse saison (f)	바쓰 쌔종
비자	visa (m)	비자
빈차	libre (f)	리-브흐
서명	signature (f)	씨냐뛰-흐
선물	cadeaux (m, pl.)	꺄도
성수기	haute saison (f)	오뜨 쌔종
세관	douane (f)	두안
세관신고서	déclaration de douane (f)	데끌라하씨옹 드 두안

셔틀버스	navette (f)	나베뜨
수하물 보관증	étiquette de bagages (f)	에띠께뜨 드 바갸쥬
수학여행	voyage scolaire (m)	부아야쥬 스꼴래-흐
술	alcool (m, pl.)	알꼴
시차	décalage horaire (m)	데꺌라쥬 오해-흐
식물	plantes (f, pl.)	쁠렁뜨
신고하다	déclarer	데끌라헤
여권	passeport (m)	빠쓰뽀-흐
여행가방	valise (f)	발리즈
여행경비	frais de voyage (m, pl.)	프해 드 부아야쥬
여행자	voyageur(se) (m, f)	부아야죄-흐(즈)
여행자수표	chèque de voyage (m)	셰끄 드 부아야쥬
연락처	adresse de contact (f)	아드헤쓰 드 꽁딱뜨
왕복 표	aller-retour (m)	알레 흐뚜-흐
외국인	étranger(ère) (m, f)	에트헝졔(흐)
은행	banque (f)	벙끄
의류	vêtements (m, pl.)	베뜨멍
일상용품	objets personnels (m, pl.)	오브졔 뻬흐쏘넬
일정	programme (m)	프호그함
임시주소	adresse provisoire (f)	아드헤쓰 프호비주아-흐
입구	entrée (f)	엉트헤
입국하다	entrer	엉트헤
주소	adresse (f)	아드헤쓰

지하철	métro [f]	메트호
출구	sortie [f]	쏘흐띠
출입국심사	contrôle des passeports [m]	꽁트홀 데 빠쓰뽀-흐
출장	voyage d'affaires [m]	부아야-쥬 다패-흐
친척	parents [m, pl.]	빠헝
카트	chariot à bagages [m]	샤히오 아 바갸쥬
택시 승차장	station de taxi [f]	스따씨옹 드 딱씨
트렁크	malle [f]	말
팸플릿	brochure [f]	브호쉬-흐
편도 표	aller simple [m]	알레 쌩쁠
하나도 없는	rien	히앵
항공사 카운터	comptoir de la compagnie aérienne [m]	꽁뚜아-흐 들 라 꽁빠니 아에히앤
해외여행	voyage à l'étranger [m]	부아야-쥬 아 레트헝졔
향수	parfum [m]	빠흐핑
현금	argent liquide [m]	아흐졍 리끼드
화장실	toilettes [f, pl.]	뚜알레뜨
환승 편	correspondance [f]	꼬헤스뽕덩쓰
환율	taux de change [m]	또 드 셩쥬
환전소	bureau de change [m]	뷔호 드 셩쥬

Chapitre 4

숙박

간단한 한마디

더 싼 호텔은 없습니까?

N'y a-t-il pas des hôtels moins chers?

니 야띨 빠 데 조뗄 무앵 셰-흐

샤워시설이 딸린 방이면 됩니다.

Une chambre avec douche me suffit.

윈 성-브흐 아베끄 두슈 므 쒸피

호텔을 찾을 때

쇼핑센터와 가까운 호텔을 찾고 있어요.
Je cherche un hôtel situé près d'un centre commercial.

쥬 셰흐슈 앵 노뗄 씨뛰에 프헤 됭 썽-트흐 꼬메흐씨알

단체숙박 할인이 됩니까?
Est-ce qu'il y une réduction pour les groupes?

에쓰 낄 리 야 윈 헤뒥씨옹 뿌흐 레 그후쁘

역 근처에 묵고 싶은데요.
Je voudrais loger près de la gare.

쥬 부드해 로제 프헤 들 라 갸-흐

유스호스텔은 있습니까?
Y a-t-il une auberge de jeunesse?

이 야띨 윈 노베흐쥬 드 죄네쓰

교통편을 고려하면 역시 시내가 좋겠어요.
Je préfère le centre ville car il est mieux desservi.

쥬 프헤페-흐 르 썽-트흐 빌 까-흐 일 레 미유 데쎄흐비

하루 70유로 이하의 좋은 호텔을 추천해 주세요.

Pouvez-vous me recommander un bon hôtel à moins de 70 euros la nuit?

뿌베 부 므 흐꼬멍데 앵 봉 노뗄 아 무앵 드 쑤아썽뜨디즈호 라 뉘이

가능하면 저렴한 숙박시설로 하겠습니다.

Prenons des chambres pas chères, si possible.

프흐농 데 셩-브흐 빠 셰-흐 씨 뽀씨블

하룻밤에 얼마입니까?

C'est combien pour une nuit?

쎄 꽁비앵 뿌흐 윈 뉘이

봉사료 포함입니까?

Est-ce que le service est compris?

에쓰 끄 르 쎄흐비쓰 에 꽁프히

거기 어떻게 가면 됩니까?

Comment peut-on y aller?

꼬멍 뿌똥 이 알레

호텔 예약

mp3 **031**

예약 담당을 부탁합니다.
Le service de réservation, s'il vous plàit.
르 쎄흐비쓰 드 헤제흐바씨옹 씰 부 쁠래

빈 방이 있습니까?
Est-ce que vous avez des chambres libres?
에쓰 끄 부 자베 데 성-브흐 리-브흐

오늘밤 트윈 룸 있습니까?
Avez-vous une chambre à deux lits?
아베 부 원 성-브흐 아 드 리

12월 3일부터 사흘간 예약을 부탁합니다.
**Je voudrais réserver trois jours, à partir
du 3 décembre.**
쥬 부드해 헤제흐베 트후아 쥬-흐 아 빠흐띠흐 뒤 트후아 데썽브흐

오늘과 내일 2박 3일 예정입니다.
**Je compte séjourner pendant 3 jours,
aujourd'hui et demain.**
쥬 꽁뜨 쎄쥬흐네 뻥덩 트후아 쥬-흐 오쥬흐뒤이 에 드맹

1주일 예정입니다.
Je compte rester 1 semaine.
쥬 꽁뜨 헤스떼 윈느 스맨느

출발이 늦어질 지도 모릅니다.
Il est possible que je repousse mon départ.
일 레 뽀씨블 끄 쥬 흐뿌쓰 몽 데빠

두 명인데 각각 다른 방으로 부탁합니다.
Nous sommes deux, donc deux chambres pour une personne.
누 쏨므 드 동끄 드 성-브흐 뿌흐 윈 뻬흐쏜

좋아요, 묵겠습니다.
Bon, je la prends.
봉 쥬 라 프헝

지금 리옹 역에 있는데 1시간 뒤에 가겠습니다.
Je suis à la Gare de Lyon maintenant. Je serai là dans 1 heure.
쥬 쒸이 알 라 가-흐 드 리옹 맹뜨넝   쥬 쓰해 라 덩쥐뇌-흐

호텔 예약 변경·취소

예약을 변경하려고요.
Je voudrais changer ma réservation.
쥬 부드해 셩졔 마 헤제흐바씨옹

예약 변경은 언제까지 가능합니까?
Jusqu'à quand est-ce que je peux changer ma réservation?
쥐스까 껑 에쓰 끄 쥬 뿌 셩졔 마 헤제흐바씨옹

5월 2일이 아니고 5월 3일로요. 되겠습니까?
Non pas pour le 2 mai, mais pour le 3 mai, Ça ira?
농 빠 뿌흐 르 드 매 매 뿌흐 르 트후아 매 싸 이하

이틀 더 묵고 싶은데요.
Je voudrais rester 2 jours de plus.
쥬 부드해 헤스떼 드 쥬흐 드 쁠뤼스

11월 6일부터 사흘을 예약한 김입니다.
Je suis Monsieur Kim. J'ai réservé 3 jours à partir du 6 novembre.
쥬 쒸이 무쓔 낌 재 헤제흐베 트후아 쥬흐 아 빠흐띠-흐 뒤 씨 노벙브흐

예약을 취소하려고요.

Je voudrais annuler ma réservation.

쥬 부드해 아뉠레 마 헤제흐바씨옹

예약 취소는 언제까지 가능합니까?

Jusqu'à quand est-ce que je peux annuler ma réservation?

쥐스까 껑 에쓰 끄 쥬 뿌 아뉠레 마 헤제흐바씨옹

예약을 취소할 경우 숙박료 환불이 됩니까?

Est-ce que vous remboursez en cas d'annulation?

에쓰 끄 부 헝부흐쎄 엉 까 다뉠라씨옹

취소요금을 내야 합니까?

Est-ce qu'on doit payer pour annuler?

에쓰 꽁 두아 빼이에 뿌흐 아뉠레

성함을 말씀해 주시겠어요?

Puis-je avoir votre nom, s'il vous plaît?

쀠이 쥬 아부아-흐 보트흐 농 씰 부 쁠래

mp3 **033**

체크인 하려고요.
Je voudrais me faire enregistrer.

쥬 부드해 므 패-흐 엉흐지스트헤

예약을 한 김입니다.
J'ai déjà réservé une chambre. Je m'appelle Kim.

재 데쟈 헤제흐베 윈 셩-브흐   쥬 마뻴 낌

전망이 좋은 방으로 부탁합니다.
Je voudrais une chambre avec une belle vue.

쥬 부드해 윈 셩-브흐 아베끄 윈 벨 뷔

아침은 몇 시부터 어디서 먹을 수 있습니까?
A quelle heure et où sert-on le petit déjeuner?

아 껠뢰-흐 에 우 쎄-흐똥 르 쁘띠 데죄네

짐은 제가 나르겠습니다.
Je vais porter mes bagages moi-même.

쥬 배 뽀흐떼 메 바가-쥬 무아멤

오늘밤 묵을 수 있습니까?
Avez-vous une chambre ce soir?

아베 부 윈 성-브흐 쓰 쑤아흐

사흘 밤 예정입니다.
Je vais rester 3 nuits.

쥬 배 헤스떼 트후아 뉘이

아침식사 포함입니까?
Le petit déjeuner est compris?

르 쁘띠 데죄네 에 꽁쁘히

선불인가요?
On paye d'avance chez vous?

옹 빼이 다벙쓰 셰 부

방은 몇 층입니까?
A quel étage est la chambre?

아 껠 레따-쥬 엘 라 성-브흐

mp3 034

432호실 열쇠를 부탁합니다.

La clef de la chambre 432, s'il vous plaît.

라 끌레 들 라 성-브흐 까트흐썽 트헝뜨드 씰 부 쁠래

이 호텔 주소가 적힌 명함을 주세요.

Vous avez une carte avec l'adresse de l'hôtel?

부 자베 윈 까흐뜨 아베끄 라드헤쓰 드 로뗄

이 호텔에서 가장 가까운 역은 어디입니까?

Où est la gare la plus proche de cet hôtel?

우 엘 라 가-흐 라 쁠뤼 프호슈 드 쎄 또뗄

근처의 맛있게 하는 식당을 가르쳐 주세요.

Recommandez-moi un bon restaurant près d'ici.

흐꼬멍데 무아 앵 봉 헤스또헝 프헤 디씨

제게 온 메시지가 있습니까?

Y a-t-il quelque message pour moi?

이 야띨 껠끄 메싸-쥬 뿌흐 무아

사물함을 쓸 수 있습니까?

Puis-je utiliser la consigne?

뿨이 쥬 위띨리제 라 꽁씨뉴

사물함에서 귀중품을 찾으려고요.

Je voudrais reprendre mes objets de valeur de la consigne.

쥬 부드해 흐프헝드흐 메 조브제 드 발뢰-흐 들 라 꽁씨뉴

저녁까지 짐을 맡아 주세요.

Gardez mes bagages jusqu'à ce soir.

갸흐데 메 바갸-쥬 쥐스까 쓰 쑤아-흐

시내에 가서 저녁을 먹고 오겠습니다.

Je vais dîner en ville.

쥬 배 디네 엉 빌

오늘밤은 늦게 들어올 겁니다.

Je rentre tard ce soir.

쥬 헝트흐 따-흐 쓰 쑤아-흐

호텔 이용

mp3 **035**

룸서비스 부탁합니다.
Room service, s'il vous plaît.
훔 쎄흐비쓰 씰 부 쁠래

(전화로) 여기 1318호입니다.
Ici la chambre 1318.
이씨 라 성-브흐 밀트후아썽디즈위뜨

방에서 식사를 할 수 있습니까?
Peut-on être servi dans la chambre?
뿌똥 에트흐 쎄흐비 덩 라 성-브흐

오믈렛 한 접시, 포타주 수프 한 접시, 그리고 더
운 물 한 잔 부탁합니다.
**Une omelette, un potage et une tasse
d'eau chaude.**
윈 오믈레뜨 앵 뽀따쥬 에 윈 따-쓰 도 쇼-드

주문한 게 아직 안 왔습니다.
Je n'ai toujours pas eu ce que j'ai demandé.
쥬 내 뚜쥬-흐 빠 위 쓰 끄 재 드멍데

7시에 모닝콜을 부탁합니다.
Réveillez-moi à 7 heures.

헤베이에 무아 아 쎄뜨-흐

방을 청소해 주세요.
Nettoyez la chambre.

네뚜아이에 라 성-브흐

이 정장(여성용 투피스)을 드라이클리닝해서 다려주세요.
Je voudrais faire nettoyer à sec et faire repasser ce tailleur.

쥬 부드해 패-흐 네뚜아이에 아 쎅 에 패-흐 흐빠쎄 쓰 따이외-흐

가능한 한 빨리 부탁합니다.
Je voudrais l'avoir le plus tôt possible.

쥬 부드해 라부아-흐 르 쁠뤼 또 뽀씨블

(팁을 주면서) 고마워요. 이거 받으세요.
Merci. C'est pour vous.

메흐씨   쎄 뿌-흐 부

mp3 **036**

지배인과 얘기하고 싶은데요.
Je voudrais parler au directeur.
쥬 부드해 빠흘레 오 디헥뜨-흐

제 방이 너무 시끄럽습니다.
Ma chambre est très bruyante.
마 셩-브흐 에 트헤 브휘영뜨

방을 바꾸고 싶은데요.
J'aimerais changer de chambre.
쟴므해 셩졔 드 셩-브흐

비누가 없습니다.
Il n'y a pas de savon.
일 니 야 빠 드 싸봉

온수가 나오지 않습니다.
L'eau n'est pas chaude.
로 네 빠 쇼-드

난방이 안 됩니다.
Le radiateur ne marche pas.
르 하디아뙤-흐 느 마흐슈 빠

변기의 물이 내려가지 않습니다.
L'eau des toilettes ne coule pas.
로 데 뚜알레뜨 느 꿀 빠

화장지가 없어요.
Il n'y a pas de papier hygiénique dans ma chambre.
일 니 야 빠 드 빠삐에 이지에니끄 덩 마 성-브흐

방에 열쇠를 두고 나왔습니다.
J'ai oublié la clef dans ma chambre.
재 우블리에 라 끌레 덩 마 성-브흐

빨리 와 주세요!
Venez tout de suite!
브네 뚜 드 쒸이뜨

체크아웃

mp3 **037**

체크아웃 부탁합니다.
Je voudrais régler.
쥬 부드해 헤글레

계산서 부탁합니다.
La note, s'il vous plaît.
라 노뜨 씰 부 쁠래

신용카드로 부탁합니다.
Par carte, s'il vous plaît.
빠흐 까흐뜨 씰 부 쁠래

영수증 주세요.
Donnez-moi le reçu.
도네 무아 르 흐쉬

호텔 팸플릿을 주시겠어요?
Est-ce que je peux avoir la brochure de cet hôtel?
에쓰 끄 쥬 뿌 아부아-흐 라 브호쉬-흐 드 쎄 또뗄

이 추가요금은 무엇입니까?

À quoi correspond ce supplément?

아 꾸아 꼬헤스뽕 쓰 쒸쁠레멍

내일 7시 쯤 출발하겠습니다.

Je pars demain matin vers 7 heures.

쥬 빠-흐 드맹 마땡 베흐 쎄뙤-흐

포터를 보내 주세요.

Faites venir le porteur.

패뜨 브니-흐 르 뽀흐뙤-흐

짐을 12시까지 맡아 주시겠습니까?

Pouvez-vous garder mes bagages jusqu'à midi?

뿌베 부 갸흐데 메 바갸-쥬 쥐스까 미디

택시를 불러 주세요.

Appelez-moi un taxi.

아쁠레 무아 앵 딱씨

B & B (Bed & breakfast)	chambre d'hôte (f)	셩브흐 도뜨
가구 딸린 셋방	chambre garnie (f)	셩브흐 갸흐니
가장 가까운 역	gare la plus proche (f)	갸흐 라 쁠뤼 프호슈
간이주방 딸린	avec kitchenette	아베끄 끼츄네뜨
계단	escalier (m)	에스꺌리에
계산서	note (f)	노뜨
계약	contrat (m)	꽁트하
고장	en panne / hors de fonction	엉 빤 / 오흐 드 퐁끄씨옹
귀중품	objets de valeur (m, pl.)	오브제 드 발뢰-흐
기간	délai (m)	델래
난방	chauffage (m)	쇼파-쥬
내선	ligne intérieure (f)	리뉴 앵떼히외-흐
냉방	climatisation (f)	끌리마띠자씨옹
냉방 딸린	climatisé	끌리마띠제
너무 ~한	trop	트호
넓은	large	라흐쥬
누르다	pousser	뿌쎄
다림질	repassage (m)	흐빠싸-쥬
더 오래	plus long	쁠뤼 롱
더 일찍	plus tôt	쁠뤼 또
더블 룸	chambre avec un	셩브흐 하베끄 앵

	grand lit (f)	그헝 리
더운	chaud(e)	쇼(드)
도어맨	portier (m)	뽀흐띠에
드라이클리닝	nettoyage à sec (m)	네뚜아야-쥬 아 쎅
~딸린	avec	아베끄
라디오	radio (f)	하디오
레스토랑	restaurant (m)	헤스또헝
로비	hall (m)	올
룸 메이드	femme de chambre (f)	팜 드 셩브흐
룸서비스	room service (m)	훔 쎄흐비쓰
만실	complet	꽁쁠레
모닝콜	réveil (m)	헤베이으
모텔	motel (m)	모뗄
목욕타월	serviette de bain (f)	쎄흐비에뜨 드 뱅
미니바	mini-bar (m)	미니바-흐
미용실	salon de beauté (m)	쌀롱 드 보떼
바	bar (m)	바-흐
밝은	clair(e)	끌래-흐
방	chambre (f)	셩브흐
배수구	bonde (f)	봉드
변상	indemnisation (f)	앵뎀니자씨옹
별 2개짜리 호텔	hôtel 2 étoiles (m)	오뗄 드 제뚜알
별장	chalet (m)	샬레

보증금	caution (f)	꼬씨옹
보증인	garant (m)	갸헝
봉사료	service (m)	쎄흐비쓰
봉투	enveloppe (f)	엉블로쁘
분유	lait en poudre (m)	래 엉 뿌-드흐
비누	savon (m)	싸봉
비데	bidet (m)	비데
비상구	sortie de secours (f)	<u>쏘흐띠 드 쓰꾸-흐</u>
비싼	cher	셰-흐
빈 방	chambre libre (f)	<u>셩브흐 리-브흐</u>
빌라	pavillon (m)	빠비용
사용할 수 있는	disponible	디스뽀니블
3층	deuxième-étage (f)	드지에메따-쥬
샤워	douche (f)	두슈
샤워시설 딸린	avec douche	아베끄 두슈
서명	signature (f)	씨냐뛰-흐
세금	taxe (f)	딱쓰
세탁	blanchissage (m)	블렁시싸-쥬
세탁서비스	service de	쎄흐비쓰 드
	blanchisserie (m)	블렁시쓰히
셋방	chambre à louer (f)	셩브흐 아 루에
소방 사다리	échelle d'incendie (f)	에셀 댕썽디
소음	bruit (m)	브휘이

수건	serviette (f)	쎄흐비에뜨
수도꼭지	robinet (m)	호비네
수돗물	eau robinet (m)	오 호비네
수리	réparation (f)	헤빠하씨옹
수속	formalité (f)	포호말리떼
숙박시설	logement (m)	로쥬멍
숙박카드	fiche (f)	피슈
스위트 룸	suite (f)	쒸이드
시끄러운	bruyant	브휘영
시내	centre ville (m)	썽트흐 빌
시내에	en ville	엉 빌
시외에	en banlieue	엉 벙리유
시트	drap (m)	드하
식당	salle à manger (f)	쌀 라 멍제
식사	repas (m)	흐빠
싱글 룸	chambre à un lit (f)	셩브흐 아 앵 리
싼	moins cher	무앵 셰-흐
아침식사	petit déjeuner (m)	쁘띠 데죄네
아침식사 없음	sans petit déjeuner	썽 쁘띠데죄네
아침식사 포함	avec petit déjeuner	아베끄 쁘띠데죄네
안내	information (f)	앵포호흐마씨옹
안전금고	coffre-fort (m)	꼬프흐포-흐
어두운	sombre	쏭브흐

117

~없는	sans	썽
엘리베이터	ascenseur (m)	아썽쐬-흐
역 근처	près de la gare	프헤 들 라 갸흐
여러 명이 자는 방(유스호스텔)	dortoir (m)	도흐뚜아-흐
연회장	salle de banquet (f)	쌀 드 벙께
열쇠	clef (f)	끌레
예비침대	lit supplémentaire (m)	리 쒸뺄레멍때-흐
예산	budget (m)	뷧졔
예약	réservation (f)	헤제흐바씨옹
예약금	acompte (m)	아꽁뜨
예약확인서	fiche de confirmation (f)	피슈 드 꽁피흐마씨옹
옥상	toit-terrasse (m)	뚜아 떼하쓰
욕실	bain (m)	뱅
욕실 딸린	avec bain	아베끄 뱅
욕실 바닥매트	tapis de bain (m)	따삐 드 뱅
욕조	baignoire (f)	배뉴아흐
원룸	studio (m)	스뛰디오
유스호스텔	auberge de jeunesse (f)	오베흐쥬 드 죄네쓰
유아용 침대	lit pour enfant (m)	리 뿌흐 엉펑
음료	boisson (f)	부아쏭
이발소	coiffeur (m)	꾸아푀-흐
2층	1er-étage (m)	프흐미에 에따-쥬

인터넷이 가능한	avec accès internet	아베끄 악쎄 앵떼흐네뜨
1층	rez-de-chaussée (m)	헤 드 쇼쎄
임대 별장	gîtes (m, pl.)	지뜨
임대료	prix de location (m)	프히 드 로꺄씨옹
잡아당기다	tirer	띠헤
장기	longue période (f)	롱그 뻬히오드
저렴한 숙소	auberge (f)	오베흐쥬
적당한	raisonnable	해조나블
전기	électricité (f)	엘렉트히씨떼
전등	lumière (f)	뤼미에-흐
전화	téléphone (m)	뗼레폰
정산, 회계	caisse (f)	깨쓰
정산하다	régler	헤글레
조·석식 제공	en demi-pension	엉 드미뺑씨옹
조·중·석식 제공	en pension complète (f)	엉 뺑씨옹 꽁쁠레뜨
좁은	étroit(e)	에뜨후아(뜨)
주방	cuisine (f)	뀌이진
주방 딸린	avec cuisine	아베끄 뀌이진
지배인	gérant	졔헝
지불	paiement (m)	뻬멍
지하층	sous sol (m)	쑤쏠
집세	loyer (m)	루아이에
창	fenêtre (f)	프네-트흐

체재기간	séjour [m]	쎄쥬-흐
체크아웃	sortie [f]	쏘흐띠
체크인	entrée [f]	엉트헤
추운	froid(e)	프후아(드)
추천하다	recommander	흐꼬멍데
70유로 이하	moins de 70 euros	무앵 드 쑤아썽뜨디 즈-호
70유로 정도	environ 70 euros	엉비홍 쑤아썽뜨디 즈-호
침대	lit [m]	리
커튼	rideau [m]	히도
커피숍	café [m]	꺄페
컨시어지	concierge	꽁씨에흐쥬
콘도	résidence [f]	헤지덩쓰
타월(작은)	essuie-main [m]	에쒸이 맹
텔레비전	télévision, TV [f]	뗄레비지옹, 떼베
텔레비전 있는	avec télévision	아베끄 뗄레비지옹
트리플 룸	chambre pour trois personnes [f]	셩브흐 뿌흐 트후아 뻬흐쏜
트윈 룸	chambre à deux lits [f]	셩브흐 아 드 리
팁	pourboire [m]	뿌흐부아-흐
편지	lettre [f]	레트흐
폐문시간	fermeture de porte [f]	페흐므뛰-흐 드 뽀흐뜨
포터	porteur [m]	뽀흐뙤-흐
포함된	inclus	앵끌뤼

프런트	réception [f]	헤썝씨옹
프런트 직원	réceptionniste [m, f]	헤썝씨오니스뜨
하숙	pension [f]	뺑씨옹
할인	réduction [f]	헤뒥씨옹
해약, 취소	annulation [f]	아뉠라씨옹
호텔	hôtel [m]	오뗄
화장실	toilette [f]	뚜알레뜨
화장실 있는	avec cabinet de toilettes	아베끄 꺄비네 드 뚜알레뜨
화재경보기	avertisseur d'incendie [m]	아베흐띠쐬-흐 댕썽디
환경	milieu [m]	밀리유
휴게실	salon [m]	쌀롱

Chapitre 5

식당

- 레스토랑 찾기
- 예약할 때
- 주문
- 와인 주문
- 식사 중에
- 바·카페테리아에서
- 계산할 때
- ※ 식당 필수단어

간단한 한마디

이건 어떤 요리입니까?

> **Qu'est-ce que c'est, ce plat?**
> 께쓰 끄 쎄 쓰 쁠라

주문한 요리가 안 나왔습니다.

> **Je n'ai toujours pas été servi.**
> 쥬 내 뚜쥬-흐 빠 에떼 쎄흐비

레스토랑 찾기

배가 고프네요.
J'ai faim.
재 팽

해산물 요리를 먹고 싶어요.
Je voudrais manger des poissons et des crustacés.
쥬 부드해 멍제 데 뿌아쏭 에 데 크휘스따쎄

근처에 맛있게 하는 식당이 있습니까?
Y a-t-il un bon restaurant près d'ici?
이 야띨 앵 봉 헤스또헝 프헤 디씨

이 근처의 싸고 좋은 레스토랑을 추천해 주세요.
Pouvez-vous recommander un bon restaurant pas trop cher près d'ici?
뿌베 부 흐꼬멍데 앵 봉 헤스또헝 빠 트호 셰-흐 프헤 디씨

예산은 1인당 20유로로 정도입니다.
Je compte 20 euros par personne.
쥬 꽁뜨 뱅 뜨호 빠-흐 뻬흐쏜

이맘때는 뭘 먹습니까?
Qu'est-ce qu'on mange en cette saison?
께쓰 꽁 멍쥬 엉 쎄뜨 쌔종

정통 프랑스 요리를 맛보고 싶습니다.
Je veux goûter la vraie cuisine française.
쥬 부 구떼 라 브해 뀌이진 프헝쌔즈

근처에 중국요리 식당이 있습니까?
Il y a un restaurant chinois près d'ici?
일 리 야 앙 헤스또헝 시누아 프헤 디씨

가본 적 있어요?
Etes-vous déjà y allé?
에뜨 부 데쟈 이 알레

예약 없이 갈 수 있습니까?
On peut y aller sans réservation?
옹 뿌 이 알레 썽 헤제흐바씨옹

125

예약할 때

자리를 예약하고 싶은데요.
Je voudrais réserver une table.

쥬 부드해 헤제흐베 윈 따블

9월 11일 밤 8시 두 사람입니다.
Deux couverts pour le 11 septembre a 20 heures.

드 꾸베-흐 뿌-흐 르 옹즈 쎕떵부흐 아 뱅 뙤-흐

4인석으로 하고 싶습니다.
J'aimerais une table pour 4 personnes.

잼므해 윈 따블 뿌흐 까트흐 뻬흐쏜

거리 쪽을 향한 자리로 하고 싶습니다.
J'aimerais avoir une table qui donne sur la rue.

잼므해 아부아-흐 윈 따블 끼 돈느 쒸-흐 라 휘

창 쪽 자리를 부탁합니다.
Je préférerais côté fenêtre.

쥬 프헤페흐해 꼬떼 프네트흐

별실이 있습니까?

Est-ce que votre restaurant dispose de salles individuelles?

에쓰 끄 보트흐 헤스또헝 디스뽀즈 드 쌀 앵디비뒤엘

죄송하지만 그 시간에는 자리가 없습니다.

Je suis désolé, mais nous sommes complets à cette heure.

쥬 쒸이 데쏠레 매 누 쏨므 꽁쁠레 아 쎄 뙤-흐

몇 시면 예약을 할 수 있습니까?

A quelle heure on peut avoir une table?

아 껠뢰-흐 옹 뿌 아부아-흐 윈 따블

예약을 확인하려고요.

Je voudrais reconfirmer ma réservation.

쥬 부드해 흐꽁피흐메 마 헤제흐바씨옹

예약을 취소하고 싶은데요.

Je voudrais annuler ma réservation.

쥬 부드해 아뉠레 마 헤제흐바씨옹

주문

mp3 **040**

메뉴를 부탁합니다.
Apportez la carte, s'il vous plaît.
아뽀흐떼 라 까흐뜨 씰 부 쁠래

영어(한국어)로 된 메뉴 있습니까?
Vous avez une carte en anglais(coréen)?
부 자베 윈 까흐뜨 엉 넝글래(꼬헤앵)

주문해도 되겠습니까?
On peut commander?
옹 뿌 꼬멍데

(메뉴를 가리키며) 이것으로 하겠습니다.
Je prends ceci.
쥬 프헝 쓰씨

10유로 정식을 부탁합니다.
Le menu à 10 euros, s'il vous plaît.
르 므뉘 아 디즈호 씰 부 쁠래

128

이 가게의 추천 요리는 무었습니까?
Quelle est votre spécialité?

껠 레 보트흐 스뻬씨알리떼

오늘의 요리는 무엇입니까?
Quel eat le plat du jour?

껠 레 르 쁠라 뒤 쥬-흐

같은 요리로 부탁합니다.
Le même plat, s'il vous plaît.

르 멤 쁠라 씰 부 쁠래

가볍게 먹을 것 있습니까?
Avez-vous quelque chose de léger?

아베 부 껠끄 쇼-즈 드 레졔

가장 빨리 되는 건 무엇입니까?
Quel est le plat que vous pouvez servir le plus vite?

껠 레 르 쁠라 끄 부 뿌베 쎄흐비-흐 르 쁠뤼 비뜨

와인 주문

mp3 **041**

음료는 뭘 드시겠어요?
Comme boisson?
꼼 부아쏭

식전주로 마디라를 먹겠습니다.
Je prends un madère comme apéritif.
쥬 프헝 앵 마데-흐 꼼 아뻬히띠프

오늘의 추천 와인은 무엇입니까?
Quel vin conseillez-vous aujourd'hui?
껠 뱅 꽁쎄이에 부 오쥬흐뒤이

와인을 골라 주시겠어요?
Pourriez-vous choisir un vin à ma place?
뿌히에 부 슈아지-흐 앵 뱅 아 마 쁠라쓰

생선하고 어울리는 와인은 어느 것입니까?
Quel vin va bien avec le poisson?
껠 뱅 바 비앵 아베끄 르 뿌아쏭

레드와인 한 병 주세요.
Une bouteille de vin rouge, s'il vous plaît.
원 부떼이으 드 뱅 후-쥬 씰 부 쁠래

와인을 잔으로 주문해도 됩니까?
Puis-je commander le vin au verre?
쀠이 쥬 꼬멍데 르 뱅 오 베-흐

하우스 와인 있습니까?
Avez-vous du vin de table?
아베 부 뒤 뱅 드 따블

와인목록을 보여 주세요.
Donnez-moi la carte des vins, s'il vous plaît.
도네 무아 라 까흐뜨 데 뱅 씰 부 쁠래

1989년 보르도 와인을 마시고 싶어요.
Je voudrais essayer le Bordeaux 1989.
쥬 부드해 에쌔이에 르 보흐도 밀뇌프썽꺄트흐뱅뇌프

이건 무슨 요리죠?

Qu'est-ce que c'est, ce plat?

께쓰 끄 쎄 쓰 쁠라

맛있어 보이네요!

Ça a l'air delicieux!

싸 아 래-흐 델리씨유

이 고기 연하네요.

Cette viande est tendre.

쎄뜨 비영드 에 떵-드흐

(다른 사람 앞에 있는 것을 집어올 때) 괜찮습니까?

Vous permettez?

부 뻬흐메떼

후추 좀 집어주세요.

Passez-moi le poivre.

빠쎄 무아 르 뿌아브흐

빵을 좀 더 주세요.
Un peu de pain, s'il vous plaît.
앵 뿌 드 빵 씰 부 쁠래

새 포크를 주시겠어요?
Est-ce que je peux avoir une autre fourchette?
에쓰 끄 쥬 뿌 아부아흐 윈 노트흐 푸흐셰뜨

냅킨 좀 주세요.
Donnez-moi une serviette de table.
도네 무아 윈 쎄흐비에뜨 드 따블

접시 세 개 주세요.
Apportez-moi trois assiettes, s'il vous plaît.
아쁘흐떼 무아 트후아 자씨에뜨 씰 부 쁠래

이건 주문하지 않았습니다.
Je n'ai pas commandé ça.
쥬 내 빠 꼬멍데 싸

식당

여기 빈자리입니까?
Cette place est libre?
쎄뜨 쁠라쓰 에 리-브흐

선불입니까?
Je dois payer d'avance?
쥬 두아 뻬이에 다벙쓰

(카페에서) 식사를 할 수 있습니까?
Vous faites restaurant?
부 패뜨 헤스또헝

커피 한 잔 하고 크루아상 두 개 주세요.
Un café et deux croissants, s'il vous plaît.
앙 까페 에 드 크후아썽 씰 부 쁠래

카페오레 한 잔 주세요.
Un café au lait, s'il vous plaît.
앙 까페 올 래 씰 부 쁠래

가지고 갈 겁니다.
Pour emporter, s'il vous plaît.
뿌흐 엉뽀흐떼 씰 부 쁠레

뭘 좀 먹을 게 있습니까?
Avez-vous quelque chose à manger?
아베 부 깰끄 쇼-즈 아 멍제

음료는 뭐가 있습니까?
Quelle sorte de boissons avez-vous?
껠 쏘흐뜨 드 부아쏭 아베-부

하이네켄 주세요.
Une Heineken, s'il vous plait.
윈 아이네껜 씰 부 쁠래

위스키에 물을 타 주세요.
Un whisky à l'eau, s'il vous plaît.
앵 위스끼 알 로 씰 부 쁠래

계산할 때

계산서를 부탁합니다.
L'addition, s'il vous plaît.

라디씨옹 씰 부 쁠래

비자카드 받습니까?
Peut-on payer avec la carte VISA?

뿌똥 빼이에 아베끄 라 까흐뜨 비자

계산은 따로따로 부탁합니다.
Nous voudrions payer séparément.

누 부드히옹 빼이에 쎄빠헤멍

이 요금은 무엇입니까?
À quoi correspond ce montant?

아 꾸아 꼬헤스뽕 쓰 몽떵

봉사료 포함입니까?
Service compris?

쎄흐비쓰 꽁쁘히

계산이 잘못된 것 같은데요.
Il me semble qu'il y a une erreur.

일 므 썽블 낄 리 야 윈 네회-흐

거스름돈이 틀립니다.
Vous vous êtes trompés de monnaie.

부 부 제뜨 트홍뻬 드 모내

잔돈은 가지세요.
Vous pouvez garder la monnaie.

부 뿌베 갸흐데 라 모내

잘 먹었습니다. 감사합니다.
C'était très bon. Merci.

쎄때 트헤 봉   메흐씨

가게 명함을 주세요.
Donnez-moi une carte de votre maison.

도네 무아 윈 까흐뜨 드 보-트흐 매종

식당 필수단어

가공식품	aliment préparé (m)	알리멍 프헤빠헤
각자부담 하다	partager la note	빠흐따졔 라 노뜨
간단한 식사	casse-croûte (m)	꺄스크후트
간식	goûter (m)	구떼
계란프라이	œuf sur le plat (m, pl.)	외프 쉬흐 르 쁠라
계산서	addition (f)	아디씨옹
금연석	places pour les non-fumeur (f, pl.)	쁠라쓰 뿌흐 레 농 퓌뫼-흐
나이프	couteau (m)	꾸또
냅킨	serviette (f)	쎄흐비에뜨
냉동식품	congelé (m)	꽁쥴레
다이어트	régime (m)	헤짐
도시락	panier-repas (m)	빠니에흐빠
디저트	dessert (m)	데쎄-흐
떨어뜨리다	laisser tomber	래쎄 똥베
마른안주	amuse-gueule (m)	아뮈-즈꾈
마실 수 있는	potable	뽀따블
먹을 수 있는	comestible	꼬메스띠블
메뉴	menu (m)	므뉘
목이 마르다	avoir soif	아부아-흐 쑤아프
바게트	baguette (f)	바게트
반숙계란	œuf à la coque	외프 알 라 꼬끄
배가 고프다	avoir faim	아부아-흐 팽

Chapitre 5

단어

버터	beurre (m)	뵈-흐
베이컨	bacon (m)	베꼰
베이컨 에그	œufs au bacon (m, pl.)	외 조 베꼰
베트남 요리	cuisine viétnamienne (f)	뀌이진 비에뜨나미앤
봉사료	service (m)	쎄흐비쓰
빵	pain (m)	빵
샐러드	salade (f)	쌀라드
생선	poisson (m)	뿌아쏭
석식	souper (m)	쑤뻬
세금	taxe (f)	딱쓰
소시지	saucisson (m)	쏘씨쏭
소화가 잘 되는	digeste	디제스트
소화불량	dyspepsie (f)	디스뻽씨
수란	œuf poché	외프 뽀셰
수프	soupe (f)	쑤쁘
숙취가 있다	avoir mal au crâne	아부아-흐 말 오 크한
스크램블드에그	œufs brouillés (m, pl.)	외 브후이에
스푼	cuillère (f)	뀌이에-흐
시리얼	céréale (f)	쎄헤알
시식, 시음	dégustation (f)	데귀스따씨옹
식사	repas (m)	흐빠
식사권	chèque-repas (m)	셰끄 흐빠
식욕	appétit (m)	아뻬띠

식당 필수단어

식이요법	diète (f)	디에트
아침식사	petit déjeuner (m)	쁘띠 데죄네
알레르기	allergie (f)	알레흐지
알코올음료	boisson alcoolisée (f)	부아쏭 알꼴리제
예약	réservation (f)	레제흐바씨옹
오늘의 정식	plat du jour (m)	쁠라 뒤 쥬-흐
오믈렛	omelette (f)	오믈레뜨
완숙계란	œuf dur (m)	외프 뒤-흐
요구르트	yaourt (m)	야우흐뜨
음료	boisson (f)	부아쏭
음식, 식품	aliment (m)	알리멍
이쑤시개	cure-dent (m)	뀌흐덩
이탈리아 요리	cuisine italienne (f)	뀌이진 이딸리앤
일본 요리	cuisine japonaise (f)	뀌이진 쟈뽀내-즈
1인분 테이블 세트	couvert (m)	꾸베-흐
메뉴에서 고르는	à la carte	알 라 꺄흐뜨
자연 그대로의	nature	나뛰-흐
잼	confiture (f)	꽁피뛰-흐
저녁식사	dîner (m)	디네
전채	hors-d'œuvre (m)	<u>오흐</u> 되-<u>브흐</u>
점심식사	déjeuner (m)	데죄네
접시	assiette (f) / plat (m)	아씨에뜨 / 쁠라
젓가락	baguettes (f, pl.)	바게뜨

Chapitre 5

식당 단어

주 요리	plat principal [m]	쁠라 프행씨빨
주문하다	commander	코멍데
중국 요리	cuisine chinoise [f]	뀌이진 시누아-즈
채식주의자	végétarien(ne) [m, f]	베제따히앵(앤)
천연식품	aliment naturel [m]	알리멍 나뛰헬
추천요리	spécialité [f]	스뻬씨알리떼
크루아상	croissant [m]	크후아썽
토스트	pain grillé [m]	뺑 그히예
팁	pourboire [m]	뿌흐부아-흐
포크	fourchette [f]	푸흐셰뜨
포함된	compris	꽁프히
프랑스 요리	cuisine française [f]	뀌이진 프헝쌔-즈
한국 요리	cuisine coréenne [f]	뀌이진 꼬헤앤
해산물요리	fruits de mer [m, pl.]	프휘이 드 메-흐
햄	jambon [m]	정봉
향토요리	cuisine régionale [f]	뀌이진 헤지오날
호밀 빵	pain de seigle [m]	뺑 드 쌔글

음식점·식료품점

과일가게	fruiterie [f]	프휘이뜨히
구이 전문 레스토랑	rôtisserie [f]	호띠쓰히
대형 슈퍼마켓	hypermarché [m]	이뻬흐마흐셰

레스토랑	restaurant (f)	헤스또헝 (f)
바	bar (m)	바-흐
빵집	boulangerie (f)	불렁쥬히
생선가게	poissonnerie (f)	뿌아쏜느히
소형 슈퍼마켓	supérette (f)	쉬뻬헤뜨
쇠고기 정육점	boucherie (f)	부슈히
술 판매점	marchand(e) de vin (m, f)	마흐셩(드) 드 뱅
술집	bistrot (m)	비스트호
슈퍼마켓	supermarché (m)	쉬뻬흐마흐셰
시장	marché (m)	마흐셰
식료품점	épicerie (f)	에삐쓰히
야채가게	primeur (m)	프히뫼-흐
역 구내식당	buffet (m)	뷔페
와인 바	bar à vin (m)	바- 하 뱅
유제품 판매점	crémerie (f)	크헤므히
제과점	confiserie (f)	꽁피즈히
초콜릿 판매점	chocolatier (m)	쇼꼴라띠에
치즈 판매점	fromagerie (f)	프호마쥬히
카페	café (m)	까페
커피숍	salon de thé (m)	쌀롱 드 떼
케이크 판매점	pâtisserie (f)	빠띠쓰히
패스트푸드점	fast-food (m)	파스뜨푸드
호프집	brasserie (f)	브하쓰히

단어만 말해도 뜻은 통한다!

음료

녹차	thé vert (m)	떼 베-흐
레드와인	vin rouge (m)	뱅 후쥬
레몬주스	citron pressé (m)	씨드홍 쁘헤쎄
로제와인	vin rosé (m)	뱅 호제
마티니	martini (m)	마흐띠니
맥주	bière (f)	비에-흐
물	eau (f)	오
민트 차	infusion-menthe (f)	앵쀠지옹멍뜨
사이다	limonade (f)	리모나드
생맥주	pression (f)	프헤씨옹
생크림 커피	café crème (m)	까페 크헴
샴페인	champagne (m)	성빠뉴
술	liqueur (f)	리뾔-흐
스파클링 와인	vin mousseux (f)	뱅 무쑤
식전 주	apéritif (m)	아뻬히띠프
식후 주	digestif (m)	디졔스띠프
아메리칸 커피	café allongé (m)	까페 알롱졔
아이스커피	café glacé (m)	까페 글라쎄
재스민 차	thé jasmin (m)	떼 쟈스맹
주스	jus (m)	쥐
커피	café (m)	까페
코냑	cognac (m)	꼬냑

코코아	chocolat chaud [m]	쇼꼴라 쇼
콜라	coca [m]	꼬까
허브티	tisane [f]	띠잔
홍차	thé [m]	떼
화이트와인	vin blanc [m]	뱅 블렁

조미료·향신료

간장	sauce de soja [f]	쏘쓰 드 쏘쟈
겨자	moutarde [f]	무따흐드
계피	cannelle [f]	꺄넬
고추	piment [m]	삐멍
꿀	miel [m]	미엘
마요네즈	mayonnaise [f]	마요내즈
박하	menthe [f]	멍뜨
샐러드드레싱	vinaigrette [f]	비내그헤뜨
소금	sel [m]	쎌
소스	sauce [f]	쏘쓰
식초	vinaigre [m]	비네그흐
조미료, 양념	assaisonnement [m]	아쌔존느멍
참깨	sésame [m]	쎄잠
케첩	ketchup [m]	케최쁘
후추	poivre [m]	뿌아-브흐

단어만 말해도 뜻은 통한다!

맛 표현		
걸쭉한	velouté(e)	블루-떼
기름기 없는	maigre	매그흐
기름진	gras(se)	그하(-쓰)
달콤한	sucré(e)	쒸크헤
떫은	âpre	아프흐
뜨거운	chaud(e)	쇼(드)
맛	goût (m)	구
맛없는	mauvais(e)	모배(-즈)
맛이 연한	léger(ère)	레졔(-흐)
맛이 진한	fort(e)	포-흐(뜨)
맛있는	bon(ne)	봉(본)
매우 맛있는	délicieux(se)	델리씨우(즈)
맵싸한	piquant(e)	삐껑(뜨)
설익힌	trop saignant(e)	트호 쎄넝(뜨)
순한, 단맛의	doux(ce)	두(쓰)
시큼한	aigre	에그흐
신	acide	아씨드
싱거운	fade	파드
쌉쌀한	sec(èche)	쎄끄(슈)
쓴	amer(ère)	아메-흐
양념이 강해 매운	épicé(e)	에삐쎄
얼큰한	pimenté(e)	삐멍떼

짭짤한	salé(e)	쌀레
찬	froid(e)	프후아(드)
폭신한	moelleux(se)	므엘르(즈)
풍미 있는	savoureux(se)	싸부후(즈)
향긋한	corsé(e)	꼬흐쎄

조리법

꼬치구이 한	à la broche	알 라 브호슈
끓인, 삶은	bouilli	부이이
데친	sauté	쏘떼
불에 구운	rôti	호띠
속을 채운	farci	파흐씨
오븐에 구운	au four	오 푸 흐
찜	étouffée	에뚜페
튀긴	frit(e)	프히(뜨)
훈제한	fumé	퓌메

스테이크

웰던	bien cuit	비앵 뀌이
미디엄	à point	아 뿌앵
레어	saignant	쌔녕

단어만 말해도 뜻은 통한다!

해산물 poisson (m) 뿌아쏭

가리비	coquille Saint-Jacques (f)	꼬끼이으 쌩 쟉끄
가자미	sole (f)	쏠
게	crabe (m)	크하브
굴	huîtres (f)	위이트흐
농어	bar (m)	바-흐
달팽이	escargots (m)	에스꺄흐고
대하	homard (m)	오마-흐
바다가재	langoustine (f)	렁구스띤
엔쵸비	anchois (m)	엉슈아
연어	saumon (m)	쏘몽
정어리	sardines (f)	싸흐딘
청어	hareng (m)	아헝
홍합	moule (f)	물

육류 viande (f) 비양드

갈비	côtelettes (f)	꼬뜰레뜨
노루고기	chevreuil (m)	슈브회이으
닭고기	poulet (m)	뿔레
돼지고기	porc (m)	뽀-흐
비둘기고기	pigeon (m)	삐죵
새끼양고기	agneau (m)	아뇨

식당 필수단어

송아지고기	veau (m)	보
쇠고기	bœuf (m)	뵈프
순대	boudins (m)	부댕
양고기	mouton (m)	무똥
오리고기	canard (m)	꺄나-흐
토끼고기	lapin (m)	라뺑

야채 légume (m) 레귐		
가지	aubergine (f)	오베흐진
감자	pommes de terre (f)	뽐드떼흐
강낭콩	haricot (m)	아히꼬
꽃상추	endive (f)	엉디-브
버섯	champignon (m)	셩삐뇽
브로콜리	brocoli (m)	브호꼴리
송로버섯	truffes (f)	트휘프
시금치	épinards (m)	에삐나-흐
아스파라거스	asperge (f)	아스뻬흐쥬
양배추	chou (m)	슈
완두콩	petits pois (m)	쁘띠 뿌아
토마토	tomate (f)	또마뜨
파	poireaux (m)	뿌아호

Chapitre 5

단어만 말해도 뜻은 통한다!

과일 fruit (m) 프휘이

한국어	프랑스어	발음
대추야자	datte (f)	다뜨
딸기	fraise (f)	프해-즈
땅콩	cacahouète (f)	까꺄우에트
레몬	citron (m)	씨트홍
멜론	melon (m)	믈롱
무화과	figue (f)	피그
바나나	banane (f)	바난
밤	marron (m)	마홍
배	poire (f)	뿌아-흐
버찌	cerise (f)	쓰히-즈
복숭아	pêche (f)	뻬슈
사과	pomme (f)	뽐
살구	abricot (m)	아브히꼬
석류	grenade (f)	그흐나-드
수박	pastèque (f)	빠스떼끄
아몬드	amande (f)	아멍-드
오렌지	orange (f)	오헝쥬
올리브	olive (f)	올리-브
자몽	pamplemousse (m)	뺑쁠르무스
자두	prune (f)	프휜
파인애플	ananas (m)	아나나(아나나스)
호두	noix (f)	누아

Chapitre 6

거리에서

- 길 묻기
- 사진 촬영
- 사진관·안경점
- 미용실·이발소
- 은행
- ※ 거리에서 필수단어

간단한 한마디

거기 걸어서 갈 수 있습니까?

On peut y aller à pied?

옹 뿌 이 알레 아 삐에

어디서 갈아 타야 합니까?

On doit changer à quel arrêt?

옹 두아 성졔 아 껠 라헤

실례합니다!
Excusez-moi!
엑스뀌제 무아

여기가 어디입니까?
Où suis-je maintenant?
우 쒸이 쥬 맹뜨넝

이 거리의 이름은 뭡니까?
Quelle est le nom de cette rue?
껠 레 르 농 드 쎄뜨 휘

이 길로 가면 콩코드 광장이 나옵니까?
Est-ce que cette rue va à Place de la Concorde?
에쓰 끄 쎄뜨 휘 바 아 쁠라쓰 들 라 꽁꼬흐드

리옹 역으로 가는 길을 가르쳐 주시겠어요?
Quel est le chemin pour la gare de Lyon, s'il vous plaît?
껠 레 르 슈맹 뿌흐 라 가-흐 드 리옹 씰 부 쁠래

저 모퉁이를 왼쪽으로 돌아 곧장 가면 있어요.
Vous tournez à gauche au coin, et vous continuez tout droit.
부 뚜흐네 아 고슈 오 꾸앵 에 부 꽁띠뉘에 뚜 드후아

몇 번째 길에서 돌아야 합니까?
A quel coin dois-je tourner?
아 껠 꾸앵 두아 쥬 뚜흐네

여기서 가깝습니까?
C'est près d'ici?
쎄 프헤 디씨

걸어서 얼마나 걸립니까?
Combien de temps faut-il à pied?
꽁비앙 드 떵 포띨 아 삐에

이 지도에 표시해 주시겠어요?
Pouvez-vous le marquer sur ce plan?
뿌베 부 르 마흐께 쒸흐 쓰 쁠렁

사진 촬영

여기서 사진을 찍어도 됩니까?
Je peux prendre une photo ici?
쥬 뿌 프헝드흐 윈 포또 이씨

우리 사진을 찍어 주시겠어요?
Pouvez-vous nous prendre en photo?
뿌베 부 누 프헝드흐 엉 포또

저것을 배경으로 사진을 찍어 주시겠어요?
Vous pouvez me prendre en photo avec ça en arrière plan?
부 뿌베 므 프헝드흐 엉 포또 아베끄 싸 엉 나히에-흐 쁠렁

여기를 누르면 됩니다.
Appuyez ici seulement.
아쀠이에 이씨 쐴르멍

웃으세요.
Souriez.
쑤히에

한 장 더 부탁합니다.
Encore une autre, s'il vous plaît.
엉꼬흐 윈 노트흐 씰 부 쁠래

같이 사진을 찍지 않겠어요?
On va se faire photographier ensemble?
옹 바 쓰 패-흐 포또그하피에 엉썽블

플래시를 사용해도 됩니까?
Peut-on utiliser un flash?
뿌똥 위띨리제 앵 플라시

당신 사진을 찍어도 되겠습니까?
Puis-je prendre une photo de vous?
쀠이 쥬 프헝드흐 윈 포또 드 부

사진을 보내 드릴게요.
Je vous enverrai la photo.
쥬 부 정베해 라 포또

사진관·안경점

mp3 **047**

디지털 카메라의 사진 현상을 부탁합니다.
Je voudrais faire développer des photos numériques.

쥬 부드해 패-흐 데블로뻬 데 포또 뉘메히끄

이 크기로 현상해 주시겠어요?
Pouvez-vous me faire un agrandissement à ce format?

뿌베 부 므 패-흐 앵 아그헝디쓰멍 아 쓰 포흐마

언제 됩니까?
Quand est-ce que ce sera prêt?

껑 떼쓰 끄 쓰 쓰하 프헤

이 카메라의 건전지 있습니까?
Avez-vous une pile pour cet appareil?

아베 부 윈 삘 뿌흐 쎄뜨 아빠헤이으

셔터가 고장 났어요.
L'obturateur ne marche pas bien.

롭뛰하뙤-흐 느 마흐슈 빠 비양

안경을 맞추고 싶은데요.
Je voudrais avoir une nouvelle paire de lunettes.
쥬 부드해 아부아-흐 윈 누벨 빼-흐 드 뤼네뜨

전 근시입니다.
Je suis myope.
쥬 쒸이 미요쁘

검안을 부탁합니다.
Examinez mes yeux, s'il vous plaît.
에그자미네 메 지유 씰 부 쁠래

제 안경이 망가졌어요.
Mes lunettes sont cassées.
메 뤼네뜨 쏭 까쎄

콘택트렌즈를 떨어뜨렸어요.
Mes lentilles sont tombées.
메 렁띠이으 쏭 똥베

미용실·이발소

mp3 **048**

예약을 해야 합니까?
Est-ce qu'il faut prendre rendez-vous?
에쓰 낄 포 프헝드흐 헝데 부

지금 커트해 줄 수 있습니까?
Pourriez-vous couper mes cheveux tout de suite?
뿌히에 부 꾸뻬 메 슈부 뚜 드 쒸이뜨

커트만 부탁합니다.
Une coupe seulement, s'il vous plaît.
윈 꾸쁘 쐴르멍 씰 부 쁠래

샴푸, 커트, 세팅을 부탁합니다.
Shampooing, coupe et mis en plis, s'il vous plaît.
셩뿌앵 꾸쁘 에 미 정 쁠리 씰 부 쁠래

가볍게 파머해 주세요.
Je voudrais me faire une légère permanente, est-ce possible?
쥬 부드해 므 패-흐 윈 레제-흐 뻬흐마넝뜨 에쓰 뽀씨블

이 머리스타일로 해 주세요.

Faites-moi le même style que ceci, s'il vous plaît.

패뜨 무아 르 멤 스띨 끄 쓰씨 씰 부 쁠래

이발과 면도를 부탁합니다.

Je voudrais me faire couper les cheveux et me faire raser.

쥬 부드해 므 패-흐 꾸뻬 레 슈부 에 므 패-흐 하제

이발만 부탁합니다.

Seulement une coupe.

쐴르멍 윈 꾸쁘

짧게 잘라 주세요.

Coupez-les très courts.

꾸뻬 레 트헤 꾸-흐

너무 짧지 않게 해주세요.

Ne me les coupez pas trop courts.

느 므 레 꾸뻬 빠 트호 꾸-흐

mp3 049

근처에 환전을 할 수 있는 은행이 있습니까?

Il y a une banque où on peut changer de l'argent près d'ici?

일 리 야 윈 벙끄 우 옹 뿌 셩제 드 라흐정 프헤 디씨

환전창구는 어디입니까?

A quel guichet je peux changer de l'argent?

아 껠 기셰 쥬 뿌 셩제 드 라흐정

이것을 유로로 바꿔주세요.

Changez-moi ça en euros, s'il vous plaît.

셩제 무아 싸 엉 느호 씰 부 쁠래

오늘 환율은 어떻게 됩니까?

Quel est le taux de change aujourd'hui?

껠 레 르 또 드 셩쥬 오쥬흐뒤이

여행자수표를 현금으로 바꿔주세요.

Je voudrais changer des chèques de voyage en espèce.

쥬 부드해 셩제 데 셰끄 드 부아야-쥬 엉 네스뻬쓰

여권을 보여주시고 수표에 서명을 해 주시겠어요?
Vous pouvez me montrer votre passeport et signer ce chèque?

부 뿌베 므 몽트헤 보트흐 빠쓰뽀-흐 에 씨녜 쓰 셰끄

수수료는 얼마입니까?
C'est combien, la commission?

쎄 꽁비앵 라 꼬미씨옹

ATM기기를 어떻게 쓰는지 가르쳐 주시겠어요?
Vous pouvez m'indiquer comment utiliser ce distributeur?

부 뿌베 맹디께 꼬멍 위띨리제 쓰 디스트히뷔뙤-흐

여행자수표를 분실했어요.
J'ai perdu mes chèques de voyage.

재 뻬흐뒤 메 셰끄 드 부아야-쥬

즉시 재발행 해 주시겠어요?
Vous pouvez refaire le chèque immédiatement?

부 뿌베 흐패-흐 르 셰끄 이메디아뜨멍

가(街), 구역	quartier (m)	꺄흐띠에
가까이에	près de	프헤 드
가드레일	garde-fou (m)	가흐드푸
가로등	réverbère (m)	헤베흐베-흐
가운데	au centre	오 썽트흐
간판	enseigne (f)	엉쎄뉴
감다	remonter	흐몽떼
강, 큰 강	fleuve (f)	플뢰-브
강둑	quai (m)	깨
거리표지판	plaque de rue (f)	쁠라끄 드 휘
건성 피부	peau sèche (f)	뽀 쎄슈
건전지	pile (f)	삘
걷다	marcher	마흐셰
경찰서	police (f)	뽈리쓰
계좌	compte (m)	꽁뜨
계좌를 개설하다	ouvrir un compte	우브히-흐 앵 꽁뜨
계좌번호	numéro de compte (m)	뉘메호 드 꼼뜨
곱슬머리	boucle (f)	부끌
공원	parc (m)	빠흐끄
관광안내소	office du tourisme (m)	오피쓰 뒤 뚜히슴
광장	place (f)	쁠라쓰
교차로	carrefour (m)	꺄흐푸-흐
교회	église (f)	에글리-즈

단어만 말해도 뜻은 통한다!

구역	zone (f)	존
국회의사당	Parlement (m)	빠흘르멍
궁전	palais (m)	빨래
극장	théâtre (m)	떼아트흐
긴	long(ue)	롱(그)
길	rue (f)	휘
~길모퉁이	le coin de ~	르 꾸앵 드 ~
길을 건너다	traverser la rue	트하베흐세 라 휘
꽁지머리	queue de cheval (f)	끄 드 슈발
난간	parapet (m)	빠하뻬
남쪽	sud (m)	쒸드
다리	pont (m)	뽕
대로	avenue (f) / boulevard (m)	아브뉘 / 불르바-흐
대성당	cathédrale (f)	꺄떼드할
대통령궁	Palais Présidentiel (m)	빨래 프헤지덩씨엘
대학	université (f)	위니베흐씨떼
도로	route (f)	후뜨
도서관	bibliothèque (f)	비블리오떼끄
도시	ville (f)	빌
도심지	centre-ville (m)	썽트흐 빌
동물원	jardin zoologique (m)	쟈흐댕 조올로지끄
동쪽	est (m)	에스뜨
뒤에	derrière	데히에-흐

Chapitre 6

거리에서 단어

드라이	brushing [m]	브허싱
들판	champs [m, pl.]	셩
똑바로 가다	aller tout droit	알레 뚜 드후아
마사지	massage [m]	마싸-쥬
맞은편	le côté opposé [m]	르 꼬떼 오뽀제
매니큐어를 바르다	se faire une manucure	쓰 페-흐 윈 마뉘뀌-흐
머리를 감다	se faire un shampoing	쓰 패-흐 앵 셩뿌앵
머리를 염색하다	se teindre les cheveux	쓰 땡드흐 레 슈부
머리빗	brosse à cheveux [f]	브호 싸 슈부
머리핀	épingle à cheveux [f]	에뼁글 라 슈부
멀리	loin de	루앵 드
면도칼	rasoir [m]	하주아-흐
목표	point de repère [m]	뿌앵 드 흐뻬-흐
묘	tombeau [m]	똥보
묘지	cimetière [m]	씨므띠에-흐
미백	blanchiment [m]	블렁시멍
미술관	musée d'art [m]	뮈제 다-흐
미용사, 이용사	coiffeur(se) [m, f]	꾸아푀-흐(즈)
미용실, 이발소	salon de coiffure [m]	쌀롱 드 꾸아퓌-흐
밑에	sous	쑤
박물관	musée [m]	뮈제
버스정류장	arret d'autobus [m]	아헤 도또뷔스
버스터미널	terminus de l'autobus [m]	떼흐미뉘스 드 로또뷔스

벤치	banc (m)	벙
병원	hôpital (m)	오삐딸
보도	trottoir (m)	트호뚜아_흐
보증인	garant(e) (m, f)	갸헝(뜨)
북쪽	nord (m)	노흐
분수	fontaine (f)	퐁땐
사거리	croisement (m)	크후아즈멍
사원	temple (m)	떵쁠
산책로	promenade (f)	프호므나드
산책하다	se promener	쓰 프호므네
상점가	quartier commerçant (m)	꺄흐띠에 꼬메흐썽
색견본	nuancier (m)	뉘엉씨에
샛길	passage (m)	빠싸_쥬
서명하다	signer	씨녜
서민지구, 번화가	quartier populaire (m)	꺄흐띠에 뽀쀨래_흐
서쪽	ouest (m)	우에스뜨
성	château (m)	샤또
세 갈래로 땋은 머리	tresse (f)	트헤쓰
세정액	solution à nettoyer (f)	쏠뤼씨옹 아 네뚜아이에
세트	mise en plis (f)	미 정 쁠리
소프트 콘택트렌즈	lentilles souples (f, pl.)	렁띠이으 쑤쁠
송금하다	envoyer	엉부아이에
수도(首都)	capitale (f)	꺄삐딸

수도원	abbaye (f) / monastère (m)	아배이 / 모나스떼-흐
수족관	aquarium (m)	아꾸아히염
수표책	carnet de chèque (m)	꺄흐네 드 셰끄
스타디움	stade (m)	스따드
시골	village (m)	빌라-쥬
시골사람	villageois(e) (m, f)	빌라쥬아(-즈)
시내지도	plan (m)	쁠렁
시장	marché (m)	마흐셰
시청사	hôtel de ville	오뗄 드 빌
식물원	jardin botanique (m)	쟈흐댕 보따니끄
신호	feu (m)	푸
쓰레기통	poubelle (f)	뿌벨
아래쪽에	en bas	엉 바
아케이드	passage couvert (m)	빠싸-쥬 꾸베-흐
안경	lunettes (f, pl.)	뤼네뜨
앞머리	frange (f)	프헝쥬
앞머리를 다듬다	égaliser la frange	에걀리제 라 프헝쥬
앞에	en face de	엉 파쓰 드
연못	étang (m)	에떵
염색	coloration (f)	꼴로하씨옹
영화관	salle de cinéma (f)	쌀 드 씨네마
옆에	prochain(e)	프호섕(섄)
예금	dépôts (m, pl.)	데뽀

단어만 말해도 뜻은 통한다!

예금통장	livret d'épargnes (m)	리브헤 데빠흐뉴
예금하다	déposer	데뽀제
오른쪽에	du côté droit	뒤 꼬떼 드후아
오른쪽으로 돌다	tourner à droite	뚜흐네 아 드후아뜨
왼쪽에	du côté gauche	뒤 꼬떼 고슈
왼쪽으로 돌다	tourner à gauche	뚜흐네 아 고슈
요새	fort (m)	포-흐
우체국	bureau de poste (m)	뷔호 드 뽀스뜨
운하	canal (m)	꺄날
위에	sur	쒸흐
위쪽에	en haut	엉 오
유원지	parc d'attractions (m)	빠흐끄 다트학씨옹
육교	passerelle (f)	빠쓰헬
은행	banque (f)	벙끄
~을 따라	tout le long de	뚜 르 롱 드
이발	coupe (f)	꾸쁘
이서	endossement (m)	엉도쓰멍
이서하다	contresigner	꽁뜨흐씨녜
이자율	taux d'intérêt (m)	또 댕떼헤
이쪽	ce côté	쓰 꼬떼
이체	virement (m)	비흐멍
인출하다	retirer	흐띠헤
잔고	solde (m)	쏠드

잘못 들다	se tromper	쓰 트홍뻬
장소, 위치	endroit (m)	엉드후아
전망대	belvédère (m)	벨베데흐
전화 부스	cabine téléphonique (f)	꺄빈 멜레포니끄
정원	jardin (m)	쟈흐댕
제모	épilation (f)	에삘라씨옹
주택가	quartier vésidentiel (m)	꺄흐띠에 헤지덩씨엘
지도	carte (f)	까흐뜨
지성 피부	peau grasse (f)	뽀 그하쓰
지하도	passage souterrain (m)	빠싸-쥬 쑤떼행
지하철역	station de métro (f)	스따씨옹 드 메트호
진입금지	interdit d'entrer	앵떼흐디 덩트헤
짧은	court(e)	꾸-흐(뜨)
쪽진 머리	chignon (m)	시뇽
철도역	gare (f)	갸흐
청색(황색, 적색) 신호	feu vert(jaune/rouge) (m)	푸 베-흐(죤/후-쥬)
컬러필름	pellicule en couleur (f)	뻴리뀔 엉 꿀뢰-흐
콘택트렌즈	lentilles (f, pl.)	렁띠이으
콘택트렌즈세척액	produit lentilles (m)	프호뒤이 렁띠이으
타워	tour (f)	뚜흐
탈색	décoloration (f)	데꼴로하씨옹
트리트먼트	traitement (m)	트해뜨멍
파마	permanente (f)	뻬흐마넝뜨

풍차	moulin à vent (m)	물랭 아 벙
하드 콘택트렌즈	lentilles dures (f, pl.)	렁띠이으 뒤흐
하천	rivière (f)	히비에-흐
학교	école (f)	에꼴
헤어스타일	coiffure (f)	꾸아퓌-흐
현금화하다	toucher	뚜셰
호수	lac (m)	라끄
혼합 피부	peau mixte (f)	뽀 믹쓰뜨
횡단보도	passage clouté (m)	빠싸-쥬 끌루-떼
흑백필름	pellicule noir et blanc (f)	뻴리뀔 누아-흐 에 블렁

Chapitre 7

관광

간단한 한마디

가장 인기 있는 관광은 어떤 겁니까?

Qu'est-ce que vous me conseillez?

께스 끄 부 므 꽁쎄이예

자유시간은 있습니까?

Il y aura du temps libre?

일 리 오하 뒤 떵 리-브흐

관광안내소

mp3 **050**

이 근처에 추천할 만한 관광지가 있습니까?
Il y a de bons sites touristiques dans le coin?

일 리 야 드 봉 씨뜨 뚜히스띠끄 덩 르 꾸앵

대중교통 노선도 있습니까?
Avez-vous le plan du transport public?

아베 부 르 쁠렁 뒤 트헝스뽀-흐 쀠블릭

젊은이들이 모이는 장소는 어디입니까?
C'est où le quartier pour les jeunes?

쎄 우 르 까흐띠에 뿌흐 레 죈

그 곳은 이름이 어떻게 됩니까?
Comment s'appelle cet endroit?

꼬멍 싸뻴 쎄 떵드후아

리옹 역은 어디입니까?
Où est la Gare de Lyon?

우 엘 라 가-흐 드 리옹

관광버스 안내서 있습니까?
Avez-vous la brochure des excursions en autocar?

아베 부 라 브호쉬-흐 데 젝스뀌흐씨옹 엉 오또까-흐

박물관 휴관일은 언제입니까?
Quel jour le musée ferme-t-il?

껠 쥬-흐 르 뮈제 페흠 띨

몇 시에 열고, 몇 시에 닫습니까?
De quelle heure à quelle heure est-il ouvert?

드 껠뢰-흐 아 껠뢰-흐 에띨 우베-흐

여기서 예약할 수 있습니까?
Peut-on réserver ici?

뿌똥 헤제흐베 이씨

이 지도에 표시해 주시겠어요?
Pouvez-vous le marquer sur ce plan?

뿌베 부 르 마흐께 쒸흐 쓰 쁠렁

173

관광지에서

경치가 좋은 곳은 어디입니까?
Quels sont les beaux endroits?
껠 쏭 레 보 정드후아

시내를 한눈에 볼 수 있습니까?
On peut voir le panorama de toute la ville?
옹 뿌 부아흐 르 빠노하마 드 뚜뜨 라 빌

가이드 투어가 있습니까?
Vous avez une visite guidée?
부 자베 윈 비지뜨 기데

어디서 방문신청을 합니까?
Où fait-on une demande de visite?
우 패똥 윈 드멍드 드 비지뜨

어떤 행사가 있습니까?
Donne-t-on quelques spectacles?
돈느똥 껠끄 스뻭따끌

이 건물은 무엇입니까?
Qu'est-ce que c'est, ce bâtiment?

께쓰 끄 쎄 쓰 바띠멍

누가 이것을 건축했습니까?
Qui a construit ceci?

끼 아 꽁스뜨휘 쓰씨

내부를 견학할 수 있습니까?
On peut visiter l'interiéur?

옹 뿌- 비지떼 랭떼히외-흐

저 탑에 올라갈 수 있습니까?
Peut-on monter sur cette tour?

뿌똥 몽떼 쉬-흐 쎄뜨 뚜-흐

기념품점은 어디 있습니까?
Où est la boutique souvenirs?

우 엘 라 부띠끄 쑤브니-흐

관광버스

하루 코스 관광이 있습니까?
Avez-vous une excursion d'une journée?

아베 부 윈 넥스뀌흐씨옹 뒨 쥬-흐네

이 관광의 요금은 얼마입니까?
Combien coûte cette excursion?

꽁비앵 꾸뜨 쎄 떼스뀌흐씨옹

식사비용이 요금에 포함되어 있습니까?
Les repas sont inclus dans ce prix?

레 흐빠 쏭 땡끌뤼 덩 쓰 프히

관광의 소요시간은 얼마나 됩니까?
Combien de temps dure la visite?

꽁비앵 드 떵 뒤-흐 라 비지뜨

로렌 호텔에서 탈 수 있습니까?
Est-ce que je peux le prendre à l'Hôtel de Lorraine?

에쓰 끄 쥬 뿌 르 프헝드흐 아 로뗄 드 로핸

야간관광은 있습니까?
Avez-vous un circuit de nuit?

아베 부 앙 씨흐뀌이 드 뉘이

어린이 할인요금이 있습니까?
Avez-vous un tarif réduit pour les enfants?

아베 부 앙 따히프 헤뒤이 뿌흐 레 정펑

12월 8일 오전관광 예약을 부탁합니다.
Je voudrais réserver un circuit pour la matinée du 8 décembre.

쥬 부드해 헤제흐베 앙 씨흐뀌이 뿌흐 라 마띠네 뒤 위뜨 데썽브흐

버스 기다리는 장소는 어디입니까?
Où est le point de rencontre?

우 엘 르 뿌앙 드 헝꽁트흐

한국어로 하는 설명이 있습니까?
L'explication est donnée en coréen?

렉스쁠리까씨옹 에 도네 엉 꼬헤앙

미술관·박물관

오르세 미술관에 가고 싶은데요.
Je voudrais aller au Musée d'Orsay.
쥬 부드해 알레 오 뮈제 도흐쌔

어디서 고호 전시회를 하고 있습니까?
Où a lieu l'exposition Van Gogh?
우 알 리우 렉스뽀지시옹 벙 고그

그랑 팔레에서는 무엇을 하고 있습니까?
Qu'est-ce qu'il y a au Grand Palais?
께쓰 낄 리 야 오 그헝 빨래

이 전람회는 언제까지 합니까?
Cette exposition dure jusqu'à quand?
쎄 떽스뽀지씨옹 뒤-흐 쥐스까 껑

개관은 몇 시입니까?
A quelle heure est l'ouverture?
아 껠뢰-흐 에 루베흐뛰-흐

관광

휴관은 무슨 요일입니까?
Quel est le jour de fermeture?

껠 레 르 쥬-흐 드 페흐므뛰-흐

입장료는 얼마입니까?
Combien coûte l'entrée?

꽁비앵 꾸뜨 렁트헤

어른 두 장, 아이 세 장 주세요.
2 adultes et 3 enfants, s'il vous plaît.

두 자뒬뜨 에 트후아 정펑 씰 부 쁠래

가방을 맡겨야 합니까?
Doit-on déposer son sac?

두아똥 데뽀제 쏭 싹

카탈로그 있습니까?
Avez-vous un catalogue?

아베 부 앵 까딸로그

영화·연극

영화를 보고 싶은데요.
Je voudrais aller au cinéma.
쥬 부드해 알레 오 씨네마

지금 인기 있는 게 무엇입니까?
Qu'est-ce qui a le plus de succès, maintenant?
께쓰 끼 아 르 쁠뤼 드 쒹쎄 맹뜨넝

오늘 저녁 프로그램은 무엇입니까?
Qu'est-ce qu'il y a, ce soir?
께쓰 낄 리야 쓰 쑤아흐

오페라는 어디에서 볼 수 있습니까?
Où est-ce que je peux voir un opéra?
우 에쓰 끄 쥬 뿌 부아흐 앵노뻬하

다음 일요일 뮤지컬 표 네 장 주세요.
Je voudrais 4 billets pour la comédie musicale pour dimanche prochain.
쥬 부드해 까트흐 비예 뿌흐 라 꼬메디 뮈지꺌 뿌흐 디멍슈 프호생

매표소는 어디 있습니까?
Où est la billeterie?

우 엘 라 비예뜨히

자리가 있습니까?
Reste-t-il des places?

헤스뜨 띨 데 쁠라쓰

언제면 자리가 있습니까?
Quand sera-t-il disponible?

껑 쓰하 띨 디스뽀니블

가장 싼(비싼) 자리는 얼마입니까?
C'est combien la place la moins chère(plus chère)?

쎄 꽁비앵 라 쁠라쓰 라 무앵 셰-흐(쁠뤼 셰-흐)

몇 시에 시작합니까(끝납니까)?
A quelle heure ça commence(se termine)?

아 껠뢰-흐 싸 꼬멍쓰(쓰 떼흐민)

경기관전·스포츠 즐기기

mp3 **055**

축구경기를 보고 싶은데요.
J'aimerais voir un match de football?
재므해 부아-흐 앵 마치 드 푸뜨볼

스타드 프랑스에서는 어떤 경기를 하고 있습니까?
Quel match se joue dans le Stade de France?
껠 마치 쓰 쥬덩 르 스따드 드 프헝쓰

한국 대 아르헨티나 경기 표를 살 수 있습니까?
Puis-je avoir un billet de la rencontre Corée-Argentine?
쀠이 쥬 아부아-흐 앵 비예 드 라 헝꽁트흐 꼬헤 아흐정띤

상대 팀은 어디입니까?
Comment s'appelle l'équipe adverse?
꼬멍 싸뻴 레끼쁘 아드베흐쓰

5번 선수는 누구입니까?
Qui est le numèro 5?
끼 에 르 뉘메호 쌩끄

테니스를 하고 싶습니다.
J'aimerais jouer au tennis.

잼므해 쥬에 오 떼니쓰

스키를 빌릴 수 있습니까?
Je peux louer des skis?

쥬 뿌 루에 데 스끼

코트를 예약할 수 있습니까?
Puis-je réserver un court?

쀠이 쥬 헤제흐베 앵 꾸-흐

스키 교실에 등록하고 싶은데요.
Je voudrais m'inscrire à l'école de ski.

쥬 부드해 맹스크히-흐 아 레꼴 드 스끼

호텔에 수영장이 있습니까?
Y a-t-il une piscine dans l'hôtel?

이 아띨 윈 삐씬 덩 로뗄

가이드	guide (m)	기드
개관시간	heure d'ouverture (f)	외-흐 두베흐뛰-흐
경기	match (m)	마치
계곡	vallée (f)	발레
계절	saison (f)	쌔종
계절에 안 맞는	hors saison	오-흐 쌔종
고령자	3 ème âge	트후아지에마쥬
고원	plateau (m)	쁠라또
고전음악	musique classique (f)	뮈지끄 끌라씨끄
골프	golf (m)	골프
골프채	club de golf (m)	끌럽 드 골프
곶	cap (m)	꺄쁘
관광	tourisme (m)	뚜히슴
관광버스	autocar (m)	오또꺄-흐
관광안내소	office du tourisme (m)	오피쓰 뒤 뚜히슴
교외	banlieue (f)	벙리유
국왕의	royal	후아이얄
군(郡), 구(區)	arrondissement (m)	아홍디쓰멍
그림	tableau (m)	따블로
글라이더	planeur (m)	쁠라뇌-흐
기념비	monument (m)	모뉘멍
낚시	pêche (f)	뻬슈
낚시도구	matériel de pêche (m)	마떼히엘 드 뻬슈

단어만 말해도 뜻은 통한다!

남자배우	acteur (m)	악뙤-흐
낮 공연	matinée (f)	마띠네
노선도	plan routier (m)	쁠렁 후띠에
농장	ferme (f)	페흠
높은	haut(e)	오(뜨)
다음 상영	prochainement	프호섄느멍
닫힌	fermé	페흐메
당일여행	voyage d'une journée (m)	부아야쥬 뒨 쥬흐네
대기 장소	lieu de rendez-vous (m)	리유 드 헝데 부
대기시간	heure de rendez-vous (f)	외-흐 드 헝데 부
대중교통	transport public (m)	트헝스뽀-흐 쀠블릭
대중교통 노선도	plan du transport public (m)	쁠렁 뒤 트헝스뽀-흐 쀠블릭
댄스	danse (f)	덩쓰
도착	retour (m)	흐뚜-흐
동굴	grotte (f)	그호뜨
등산	alpinisme (m)	알삐니슴
디스코텍	discothèque (f)	디스꼬떼끄
마을	village (m)	빌라-쥬
마지막의	final	피날

185

막간	entracte (m)	엉트학뜨
만(灣)	baie (f)	배
매일	tous les jours	뚤 레 쥬-흐
매표소	guichet (m)	기셰
명소	endroits célèbres (m, pl.)	엉드후아 쎌레브흐
무대	scène (f)	쎈
뮤지컬	comédie musicale (f)	꼬메디 뮈지꺌
미끼	appât (m)	아빠
미술관	musée d'art (m)	뮈제 다-흐
민속음악	musique folklorique (f)	뮈지끄 폴끄로히끄
바다	mer (f)	메-흐
박물관	musée (m)	뮈제
반도	presqu'île (f)	프헤스낄
반일관광	circuit d'une demi journée (m)	씨흐뀌이 뒨 드미 쥬흐네
발레	ballet (m)	발레
밤 공연	soirée (f)	쑤아헤
버라이어티 쇼	revue (f)	흐뷔
보트	bateau (m)	바또
볼링	bowling (m)	볼링그
부두	quai (m)	깨
부츠	bottes (f, pl.)	보뜨
비극	tragédie (f)	트하제디

빌려주다	louer / prêter	루에 / 프헤떼
빙하	glacier (m)	글라씨에
사막	désert (m)	데제-흐
사우나	sauna (m)	쏘나
사이클링	cyclisme (m)	씨끌리슴
사적	sites historiques (m, pl.)	씨뜨 이스또히끄
사진	photos (f, pl.)	포또
산	montagne (f)	몽따뉴
상(像)	statue (f)	스따뛰
상영 중	en représentation	엉 흐프헤정따씨옹
샹송주점	chansonnier (f)	성쏘니에
서머타임	heure d'été (f)	외-흐 데떼
서커스	cirque (m)	씨흐끄
서핑을 하다	faire du surf	패-흐 뒤 쒸흐프
선불	avance (f)	아벙쓰
섬	île (f)	일
쇼	spectacle (m)	스뻭따끌
수영	natation (f)	나따씨옹
수영복	maillot de bain (m)	마이요 드 뱅
숲	forêt (f)	포헤
스노클링	masque de plongée (m)	마스끄 드 쁠롱제
스카이다이빙	parachutisme (m)	빠하쉬띠슴
스케이트를 타다	patiner	빠띠네

스쿠버다이빙	plongée sous-marine [f]	쁠롱졔 쑤 마힌
스키를 타다	faire du ski	패-흐 뒤 스끼
스키스틱	bâton de ski [m]	바똥 드 스키
스포츠	sport [m]	스뽀-흐
승마	équitation [f]	에끼따씨옹
시(市), 도시	ville [f]	빌
시각표	horaire [m]	오해-흐
시내지도	plan de la ville [m]	쁠렁 드 라 빌
시장	marché [m]	마흐셰
신기한	curieux	뀌히유
신발	chaussures [f, pl.]	쇼쒸-흐
아이	enfant	엉펑
야간관광	voyage de nuit [m]	부아야-쥬 드 뉘이
어른	adulte	아뒬뜨
언덕	colline [f]	꼴린
여배우	actrice [f]	악트히쓰
여행사	agence de voyage [f]	아졍쓰 드 부아야-쥬
연극, 극장	théâtre [m]	떼아트흐
연중행사	événement annuel [m]	에벤느멍 아뉘엘
영업시간	heure des affaires	외-흐 데 자패-흐
영화	cinéma [m]	씨네마
영화관	salle de cinéma [f]	쌀 드 씨네마
예고편	bande-annonce [f]	벙 드 아농쓰

예매권	billet vendu à l'avance (m)	비예 벙뒤 아 라벙쓰
예매소	agence théâtrale (f)	아졍쓰 떼아트할
예약	réservation (f)	헤제흐바씨옹
예약금	acompte (m)	아꽁뜨
오전관광	circuit du matin (m)	씨흐뀌이 뒤 마땡
오케스트라	orchestre (m)	<u>오흐께스트흐</u>
오페라	opéra (m)	오뻬하
온천	station thermale (f)	스따씨옹 떼흐말
요금	prix (m)	프히
요금표	tarif (m)	따히프
요트	yacht (m)	<u>요뜨</u>
유람선	bateau d'excursion (m)	바또 덱스뀌흐씨옹
유람여행	voyage organisé (m)	부아야쥬 오흐갸니제
유적	ruines (f, pl.)	휘인
2층 정면 관람석	balcon (m)	발꽁
인형극	marionnette (f)	마히오네뜨
1인당	par personne	빠흐 뻬흐쏜
1층 관람석	orchestre (m)	<u>오흐께스트흐</u>
1층 후면 관람석	parterre (m)	빠흐떼-흐
임대	location (f)	로까씨옹
임대자전거	bicyclette de location (f)	비씨끌레뜨 드 로까씨옹
입석	promenoir (m)	프호므누아-흐
입장료, 입구	entrée (f)	엉트헤

관광 필수단어

입장무료	gratuit	그하뛰이
자유석	place non réservée (f)	쁠라쓰 농 헤제흐베
저녁식사	dîner (m)	디네
전람회, 박람회	exposition (f)	엑스뽀지씨옹
점심식사	déjeuner (m)	데죄네
조각	sculpture (f)	스뀔뛰-흐
주(州), 지방	province (f)	프호뱅쓰
주말	fin de la semaine (f)	팽 드 라 쓰맨
주요한	principal(e)	프행씨빨
중간 2층 관람석	mezzanine (f)	메자닌
지정석	place réservée (f)	쁠라쓰 헤제흐베
지휘자	chef d'orchestre (m)	셰프 도께스트흐
질문	question (f)	께스띠옹
채색화	peinture (f)	뺑뛰-흐
최상층 관람석	paradis (m)	빠하디
축구	football (m)	푸뜨볼
축제	fête (f)	페뜨
출구	sortie (f)	쏘흐띠
출발	départ (m)	데빠-흐
카누	canoë (m)	까노에
카지노	casino (m)	까지노
칸막이 관람석	loge (f)	로쥬
캠핑을 하다	camper	껑뻬

Chapitre 7 여행 단어

코스	piste (m)	삐스뜨
콘서트	concert (m)	꽁쎄-흐
타이틀	titre (m)	띠트흐
특별행사	événement spécial (m)	에벤느멍 스뻬씨알
팬터마임	pantomime (f)	뺑또밈
팸플릿	brochure (f)	브호쉬-흐
평일에	en semaine	엉 쓰맨
폐관시간	heure de fermeture (f)	외-흐 드 페흐므뛰-흐
폭포	cascade (f)	까스꺄드
하루관광	circuit d'une journée (m)	씨흐뀌이 뒨 쥬흐네
학생	etudiant	에뛰디엉
학생할인	réduction pour les étudiants (f)	헤뒤씨옹 뿌흐 레 제뛰디엉
항구	port (m)	뽀-흐
해변	plage (f)	쁠라-쥬
해안	rivage (m)	히바-쥬
햇빛	soleil (m)	쏠레이으
행렬	défilé (m)	데필레
행사	événement (m)	에벤느멍
화산	volcan (m)	볼껑
휴대품보관소	vestiaire (f)	베스띠애-흐
희극	comédie (f)	꼬메디

교통기관

- 택시 타기
- 버스·지하철 타기
- 열차 타기
- 배 여행
- 렌터카
- 운전
- 자동차 수리
- ※ 교통기관 필수단어

간단한 한마디

택시는 어디서 잡을 수 있습니까?

Où peut-on prendre un taxi?
우 뿌똥 프헝드흐 앵 딱씨

이 열차는 어디로 갑니까?

Où va ce train?
우 바 쓰 트행

(메모를 보이고) 이 주소로 가 주세요.
A cette adresse, s'il vous plaît.
아 쎄 따드헤쓰 씰 부 쁠래

리옹 역까지 부탁합니다.
La gare de Lyon, s'il vous plaît.
라 가-흐 드 리옹 씰 부 쁠래

르와시 공항까지 요금이 얼마입니까?
Quel est le tarif pour Roissy?
껠 레 르 따히프 뿌흐 후아씨

시간이 얼마나 걸립니까?
Combien de temps faut-il?
꽁비앵 드 떵 포띨

이 짐을 트렁크에 넣어 주세요.
Mettez ces bagages dans le coffre.
메떼 쎄 바가-쥬 덩 르 꼬프흐

팔레 루아얄을 돌아서 가 주세요.
Passez par Palais le Royal.
빠쎄 빠-흐 빨래 르 후아이얄

저 건물 앞에서 세워 주세요.
Arrêtez-vous devant cet immeuble.
아헤떼 부 드벙 쎄 띠뫼블

빨리 가 주세요.
Je suis pressé(e).
쥬 쒸이 프헤쎄

저기에 차를 세워 주세요.
Arrêtez la voiture là.
아헤떼 라 부아뛰-흐 라

거스름돈은 필요 없어요.
Gardez la monnaie.
갸흐데 라 모내

버스·지하철 타기

몇 번 버스가 라 데팡스로 갑니까?
Quel numéro de bus pour la Défense?
껠 뉘메호 드 뷔스 뿌-흐 라 데펑쓰

(운전기사에게) 포르트 마요로 갑니까?
Vous allez à la Porte Maillot?
부 잘레 알 라 뽀흐뜨 마이요

(행선지를 보이고) 여기로 가려면 어디서 내리면 됩니까?
Où je dois descendre pour y aller en bus?
우 쥬 두아 데썽드흐 뿌 히 알레 엉 뷔스

위고광장에 도착하면 알려 주세요.
Faites-moi signe à la place Victor Hugo.
패뜨 무아 씨뉴 알 라 쁠라쓰 빅또 위고

세워 주세요.
Arrêtez, s'il vous plaît.
아헤떼 씰 부 쁠래

루브르 미술관에 가려면 어디서 타면 됩니까?
Où dois-je descendre pour le Louvre?

우 두아 쥬 데썽드흐 뿌-흐 르 루브흐

다음이 이에나입니까?
Iéna, c'est la prochaine?

이에나 쎄 라 프호샌

피갈은 어느 방향입니까?
Quelle direction pour Pigalle?

껠 디헥씨옹 뿌-흐 삐갈

환승역은 어디입니까?
Où faut-il changer?

우 포띨 성제

샤틀레에서 환승합니까?
Il y a une correspondance à Châtelet?

일 리 야 윈 꼬헤스뽕덩쓰 아 샤뜰레

열차 타기

보르도까지 왕복표 주세요.
Bordeaux, aller-retour, s'il vous plaît.
보호도 알레 흐뚜흐 씰 부 쁠래

루앙까지 2등 편도표 주세요.
Rouen, aller simple en seconde, s'il vous plaît.
후엉 알레 쌩쁠 엉 쓰꽁드 씰 부 쁠래

테제베 지정석 네 장 부탁합니다.
4 places dans le TGV, s'il vous plaît.
까트흐 쁠라쓰 덩 르 떼제베 씰 부 쁠래

추가요금이 필요합니까?
Faut-il un supplément?
포띨 앵 쉬쁠레멍

열차는 몇 번 플랫폼에 들어옵니까?
Sur quelle voie entre le train?
쒸-흐 껠 부아 엉트흐 르 트행

니스에 몇 시에 도착합니까?
A quelle heure arrive-t on à Nice?

아 껠뢰-흐 아히브 똥 아 니쓰

다음 정차 역은 어디입니까?
Quelle est la prochaine gare?

껠 레 라 프호섄 갸-흐

열차를 갈아타야 합니까?
Il faut changer de train?

일 포 성제 드 트행

여기 빈자리입니까?
Cette place est libre?

쎄뜨 쁠라쓰 에 리-브흐

좌석을 바꿔 주시겠습니까?
Pouvez-vous changer de place avec moi?

뿌베 부 성제 드 쁠라쓰 아베끄 무아

배 여행

센 강 크루즈에는 어떤 것들이 있습니까?
Il y a quels types de croisières sur la Seine?
일 리 야 껠 띠쁘 드 크후아지에-흐 쒸흐 라 쌘

예약을 해야 합니까?
Il faut réserver?
일 포 헤제흐베

어디서 승선을 합니까?
Où est l'embarquement?
우 에 렁바흐끄멍

다음 배는 몇 시에 떠납니까?
C'est à quelle heure, le prochain départ?
쎄 따 껠뢰-흐 르 프호생 데빠흐

마르세유까지 선실을 예약하고 싶습니다.
Je voudrais réserver une cabine pour Marseille.
쥬 부드해 헤제흐베 윈 꺄빈 뿌-흐 마흐쎄이으

1인 선실은 얼마입니까?
Combien coûte une cabine pour une personne?

꽁비앵 꾸뜨 윈 까빈 뿌-흐 윈 뻬흐쏜

시간은 얼마나 걸립니까?
Combien de temps mettez-vous?

꽁비앵 드 떵 메떼 부

가장 싼 선실은 어느 겁니까?
Combien coûte la cabine la moins chère?

꽁비앵 꾸뜨 라 까빈 라 무앙 셰-흐

항구에는 어떻게 갑니까?
Comment peut-on aller au port?

꼬멍 뿌똥 알레 오 뽀-흐

몇 시에 승선해야 합니까?
Quand est-ce qu'on embarque?

껑 데쓰 꽁 엉바흐끄

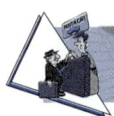

렌터카

mp3 **060**

차를 한 대 빌리고 싶은데요.
Je voudrais louer une voiture.

쥬 부드해 루에 윈 부아뛰-흐

소형차가 좋겠어요.
Je préfère une petite voiture.

쥬 프헤페-흐 윈 쁘띠뜨 부아뛰-흐

한국 차 있습니까?
Avez-vous une auto coréenne?

아베 부 윈 노또 꼬헤앤

하루에 얼마입니까?
C'est combien par jour?

쎄 꽁비앵 빠-흐 쥬-흐

3일간 부탁합니다.
Pendant 3 jours, s'il vous plaît.

뻥덩 트후아 쥬-흐 씰 부 쁠래

Chapitre 8

교통기관

보험을 들고 싶은데요.
  Je voudrais m'assurer.
  쥬 부드해 마쒸헤

요금표를 보여 주세요.
  Montrez-moi la liste de tarif, s'il vous plaît.
  몽트헤 무아 라 리스뜨 드 따히프 씰 부 쁠래

자동변속기 차를 부탁합니다.
  Une voiture automatique, s'il vous plaît.
  윈 부아뛰-흐 오또마띠끄 씰 부 쁠래

문제가 있으면 어디로 연락하면 됩니까?
  En cas de problemes, qui dois-je contacter?
  엉 꺄 드 프호블렘 끼 두아 쥬 꽁딱떼

이 차를 반환하려고요.
  Je voudrais rendre cette voiture.
  쥬 부드해 헝드흐 쎄뜨 부아뛰-흐

운전

mp3 **061**

도로지도 있습니까?

Vous avez une carte routière?

부 자베 윈 까흐뜨 후띠에-흐

파리까지 몇 킬로미터입니까?

Combien de kilomètres pour Paris?

꽁비앵 드 낄로메트흐 뿌-흐 빠히

루앙으로 가는 도로인가요?

Est-ce la route de Rouen?

에쓰 라 후-뜨 드 후엉

파리로 가는 중인데요, 어느 길이 좋습니까?

Je vais à Paris, quelle est la meilleure route?

쥬 배 아 빠히 껠 레 라 메이외-흐 후-뜨

여기 주차할 수 있습니까?

Peut-on stationner ici?

뿌똥 스따씨오네 이씨

Chapitre 8

교통기관

주유소가 어디 있습니까?
Où y a-t-il une station-service?

우 이 아띨 윈 스따씨옹 쎄흐비쓰

보통휘발유 40리터 넣어 주세요.
40 litres d'ordinaire, s'il vous plaît.

까헝뜨 리트흐 도흐디내-흐 씰 부 쁠래

타이어가 펑크 났어요.
Le pneu est crevé.

르 쁘누 에 크흐베

오일을 점검해 주세요.
Vérifiez l'huile, s'il vous plaît.

베히피에 뤼일 씰 부 쁠래

화장실이 어디입니까?
Où sont les toilettes?

우 쏭 레 뚜알레뜨

자동차 수리

mp3 062

제 차의 상태가 이상합니다.
Ma voiture ne marche pas.
마 부아뛰-흐 느 마흐슈 빠

제 차가 고장 났습니다.
Ma voiture est en panne.
마 부아뛰-흐 에 떵 빤

자동차를 수리하려면 어디로 가면 됩니까?
Où est-ce que je dois aller pour faire réparer la voiture?
우 에쓰 끄 쥬 두아 알레 뿌흐 패-흐 헤빠헤 라 부아뛰-흐

수리를 부탁합니다.
Pourriez-vous la réparer?
뿌히에 부 라 헤빠헤

이 부품을 교체하고 싶은데요.
Je voudrais changer cette pièce.
쥬 부드해 성제 쎄뜨 삐에쓰

수리공을 불러 주세요.
Appelez un dépanneur, s'il vous plaît.
아쁠레 앵 데빠뇌-흐 씰 부 쁠래

배터리가 나갔어요!
La batterie est à plat.
라 바뜨히 에 따 쁠라

시동이 안 걸려요.
La machine ne marche pas.
라 마신 느 마흐슈 빠

고치는데 얼마나 걸립니까?
Quand sera-t-elle réparée?
껑 쓰하 뗄 헤빠헤

수리비는 얼마입니까?
Combien coûte la réparation?
꽁비앵 꾸뜨 라 헤빠하씨옹

가드레일	barrière de sécurité (f)	바히에-흐 드 쎄뀌히떼
가득 주유하다	faire le plein	패-흐 르 쁠랭
가속하다	accélérer	악쎌레헤
가솔린	essence (f)	에썽쓰
간선도로	grande artère (f)	그헝 다흐떼-흐
간이침대차량	voiture-couchette (f)	부아뛰-흐 꾸셰뜨
갈아타다	changer	셩졔
갓길	accotement (m)	아꼬뜨멍
개찰구	accès aux quais (m)	악쎄 오 깨
객차	voiture de voyageurs (f)	부아뛰-흐드 부아야죄-흐
건널목	passage à niveau (m)	빠싸 쟈 니보
검표	contrôle (m)	꽁트홀
견인차	dépanneuse (f)	데빠뇌-즈
경유	gas-oil (m)	갸주알
경유하여	via	비아
경적	klaxon (m)	끌락쏜
고속도로	autoroute (f)	오또후뜨
교외	banlieue (f)	벙리유
교외선	ligne de banlieue (f)	리뉴 드 벙리유
교외전차	train de banlieue (m)	트행 드 벙리유
교차로	intersection (f)	앵떼흐쎅씨옹
교통 위반	contravention (f)	꽁트하벙씨옹
교통사고	accident de voiture (m)	악씨덩 드 부아뛰-흐

교통신호등	feux de circulation⟮m, pl.⟯	푸 드 씨흐뀔라씨옹
국경	frontière ⟮f⟯	프홍띠에-흐
국도	route nationale ⟮f⟯	후뜨 나씨오날
국제운전면허증	permis international⟮m⟯	뻬흐미 앵떼흐나씨오날
규정 속도	vitesse conseillée ⟮f⟯	비떼쓰 꽁쎄이에
그물선반(열차의)	filet à bagages ⟮m⟯	필레 아 바갸쥬
금연 차	wagon non fumeurs⟮m⟯	바공 농 퓌뫠-흐
급행열차	train express⟮m⟯	트행 엑스프헤쓰
기관차	locomotive ⟮f⟯	로꼬모띠브
기어	braquet ⟮m⟯	브하께
기항하다	faire escale	패-흐 에스꺌
긴급출동서비스	service routier en cas d'urgence⟮m⟯	쎄흐비쓰 후띠에 엉 까 뒤흐정쓰
길	rue⟮f⟯	휘
내리다	descendre	데썽드흐
노선	ligne⟮f⟯	리뉴
놓치다	manquer	멍께
다리	pont⟮m⟯	뽕
닻	ancre⟮f⟯	엉크흐
대로	boulevard⟮m⟯	불르바-흐
대인대물보상보험	assurance aux tiers⟮f⟯	아쒸헝쓰 오 띠에흐
대합실	salle d'attente⟮f⟯	쌀 다떵뜨
도난보험	assurance vol⟮f⟯	아쒸헝쓰 볼

도로	chaussée (f)	쇼쎄
도로교통법	code de la route (m)	꼬드 드 라 후드
도로표지	signal routier (m)	씨날 후띠에
도착	arrivée (f)	아히베
돛	voile (f)	부알
등대	phare (m)	파-흐
디젤	essence diesel (f)	에썽쓰 디젤
러시아워	heure de pointe (f)	외-흐 드 뿌앵뜨
레일	rail (m)	하이으
레일 카	autorail (m)	오또하이으
렌터카	voiture de location (f)	부아뛰-흐 드 로꺄씨옹
로터리	rond-point (m)	홍뿌앵
마이크로버스	microbus (m)	미크호뷔스
막다른 길	voie sans issue (f)	부아 썽 지쒸
매표소	guichet (m)	기셰
멈추다	s'arrêter	싸헤떼
모노레일	monorail (m)	모노하이으
모터보트	canot automobile (m)	꺄노 오또모빌
목적지	destination (f)	데스띠나씨옹
목적지 반환요금	prix de laisser la voiture (m)	프히 드 래쎄 라 부아뛰-흐
무연가솔린	essence sans plomb (f)	에썽쓰 썽 쁠롱
문(자동차, 열차의)	portière (f)	뽀흐띠에-흐

방향 표시등	clignotant (m)	끌리뇨떵
배	bateau (m)	바또
배터리	batterie (f)	바뜨히
배터리를 충전하다	recharger la batterie	흐샤흐제 라 바뜨히
백미러	rétroviseur (m)	헤트호비죄-흐
버스정류장	arrêt d'autobus (m)	아헤 도또뷔스
버스터미널	gare routière (f)	갸흐 후띠에-흐
번호판	plaque	쁠라끄
	d'immatriculation (f)	디마트히뀔라씨옹
벌금	amende (f)	아멍드
범퍼	pare-chocs (m)	빠흐쇼끄
보닛	capot (m)	꺄뽀
보통가솔린	essence normale (f)	에썽쓰 노흐말
보통객차	wagon (m)	바공
보통열차	train omnibus (m)	트헹 옴니뷔스
보트	barque (f)	바흐끄
분실물	objets trouvés (pl.)	오브제 트후베
브레이크	frein (m)	프헹
브레이크를 밟다	freiner	프헤네
빌려주다	rendre	렁드흐
사거리	carrefour (m)	꺄흐푸흐
사고증명서	carnet de constat	꺄흐네 드 꽁스따
	amiable (m)	아미아블

교통기관 필수단어

4륜구동 차	voiture à 4 chevaux (f)	부아뛰-흐 아 까트흐 슈보
4인 선실	cabine pour 4 personnes (f)	꺄빈 뿌흐 꺄트흐 뻬흐쏜
서행하다	ralentir	할렁띠-흐
선불	avance (f)	아벙쓰
선실	cabine (f)	꺄빈
선장	capitaine (m)	꺄삐땐
선착장	embarcadère (m)	엉바흐꺄데-흐
센 강의 유람선	bateau-mouche (m)	바또 무슈
셔틀버스	navette (f)	나베뜨
소형트럭	camionnette (f)	꺄미오네뜨
속도위반	excès de vitesse (m)	엑쎄 드 비떼쓰
손해보험	assurance dommages collision (f)	아쒸헝쓰 도마-쥬 꼴리지옹
수도권 고속전철	RER (m)	에흐으에흐
수동변속기 차	voiture manuelle (f)	부아뛰-흐 마뉘엘
수리	réparation (f)	헤빠하씨옹
스노체인	chaînes à neige (f, pl.)	섄 아 내쥬
스노타이어	pneu hivernal (m)	쁘누 이베흐날
스포츠카	voiture de sport (f)	부아뛰-흐 드 스뽀-흐
승객	passager(ère) (m, f)	빠싸제(-흐)
승무원	équipage (m)	에끼빠-쥬
승차권	billet (m)	비예

승합차	fourgonnette (f)	푸흐고네뜨
시가전차	tramway (m)	트함웨
시내버스	autobus (m)	오또뷔스
식당	salle à manger (f)	쌀 라 멍졔
식당차	voiture-restaurant (f)	부아뛰-흐 헤스또헝
식당칸	wagon-restaurant (f)	바공 헤스또헝
신호	signal (m)	씨냘
심야버스	noctambus (m)	녹떵뷔스
아래층 침대	couchette du bas (f)	꾸셰뜨 뒤 바
아이	enfant	엉펑
안내표지	panneau de direction (m)	빠노 드 디헥씨옹
안전벨트	ceinture de sécurité (f)	쌩뛰-흐 드 쎄뀌히떼
안전지대	refuge (m)	흐퓌-쥬
액셀러레이터	accélérateur (m)	악쎌레하뙤-흐
야간열차	train de nuit (m)	트행 드 뉘이
어른	adulte	아뒬뜨
엔진	moteur (m)	모뙤-흐
엔진고장	panne de moteur (f)	빠 드 모뙤-흐
여객선	paquebot (m)	빠끄보
역	gare (f)	갸-흐
역무원	employé(e) de gare (m,f)	엉쁠루아이에 드 갸-흐
역장	chef de gare (m)	셰프 드 갸-흐
열차를 갈아타다	changer de train	셩졔 드 트행

열차시각표	tableau des horaires [m]	따블로 데 조해-흐
예매창구	bureau de réservation [m]	뷔호 드 헤제흐바씨옹
예약확인서	fiche de confirmation [f]	피슈 드 꽁피흐마씨옹
오일 교환	vidange [f]	비덩쥬
와이퍼	essuie-glace [m]	에쒸이글라쓰
왕복	aller-retour [m]	알레 흐뚜-흐
왜건	voiture-wagon [f]	부아뛰-흐 바공
요금	prix [m]	프히
요트	yacht [m]	요트
우회로	déviation [f]	데비아씨옹
운임	tarif [m]	따히프
운전기사	chauffeur [m]	쇼푀-흐
운전면허증	permis de conduire [m]	뻬흐미 드 꽁뒤이-흐
운전석	cabine [f]	꺄빈
운전자	conduc<u>teur</u>(trice) [m, f]	꽁뒤<u>뙤</u>-흐(트히스)
운전하다	conduire	꽁뒤이-흐
운행시각표	horaire [m]	오해-흐
위층 침대	couchette du haut [f]	꾸셰뜨 뒤 오
유람선	bateau d'excursion [m]	바또 덱스뀌흐씨옹
유로스타	Eurostar [m]	으흐스따흐
유실물취급소	bureau des objets trouvés [m]	뷔호 데 조브제 트후베

유턴금지	défense de faire	데펑스 드 패-흐
	demi-tour [f]	드미뚜-흐
2등	deuxième classe [f]	드지엠 끌라쓰
2인 선실	cabine pour	꺄빈 뿌흐
	deux personnes [f]	드 뻬흐쏜
인사사고	accident corporel [m]	악씨덩 꼬흐뽀헬
인터체인지	échangeur [m]	에셩죄-흐
1등	première classe	프흐미에흐 끌라쓰 [f]
1인 선실	cabine pour	꺄빈 뿌흐
	une personne [f]	윈 뻬흐쏜
일방통행	sens unique [m]	썽스 위니끄
일일승차권	ticket Mobilis [m]	띠께 모빌리스
임대계약서	contrat à louer [m]	꽁트하 아 루에
자동개찰기	composteur [m]	꽁뽀스뙤-흐
자동변속기 차	voiture automatique [f]	부아뛰-흐 오또마띠끄
자동차	voiture [f]	부아뛰-흐
자동차 등록증	carte grise [f]	꺄흐뜨 그히-즈
자동차보험증서	assurance automobile [f]	아쒸헝쓰 오또모빌
자동차수리공장	atelier de réparation [m]	아뜰리에 드 헤빠하씨옹
자리, 좌석	place [f]	쁠라쓰
장거리(관광)버스	autocar [m]	오또꺄-흐
전차, 열차	train [m]	트행
정기권(지하철, 버스)	passe Navigo [m]	빠쓰 나비고

교통기관 필수단어

정박하다	jeter l'ancre	쥬떼 렁크흐
정원	nombre de places (m)	농브흐 드 쁠라쓰
정체	embouteillage (m)	엉부떼이야쥬
제한속도	limitation de vitesse (f)	리미따씨옹 드 비떼쓰
종점	terminus (m)	떼흐미뉘스
주유소	station service (f)	스따씨옹 쎄흐비쓰
주유하다	ravitailler	하비따이에
주차금지	stationnement interdit (m)	스따씨온느멍 앵떼흐디
주차요금 미터	parcmètre (m)	빠흐끄메트흐
주차장	parking (m)	빠흐낑
주차하다	stationner	스따씨오네
주행거리	kilométrage (m)	낄로메트하쥬
주행요금	tarif kilométrique (m)	따히프 낄로메트히끄
중간층 침대	couchette du milieu (f)	꾸셰뜨 뒤 밀리유
중앙분리대	séparateur de sens (m)	쎄빠하뙤흐 드 썽스
중앙선	ligne continue (f)	리뉴 꽁띠뉘
증인	témoin (m)	떼무앵
지방도	route départementale (f)	후뜨 데빠흐뜨멍딸
지정석	place réservée (f)	쁠라쓰 헤제흐베
지프차	tout-terrain (m)	뚜떼행
지피에스	GPS (m)	졔뻬에스
지하철	métro (m)	메트흐

단어만 말해도 뜻은 통한다!

지하철 역	station (f)	스따씨옹
직행열차	train direct (m)	트행 디헥뜨
진입금지	entrée interdite (f)	엉트헤 앵떼흐디뜨
차고	garage (m)	갸하-쥬
차선, 선로	voie (f)	부아
차선을 바꾸다	déboîter	데부아떼
차세대초고속전철	AGV (f)	아제베
차장	contrôleur(se) (m, f)	꽁트홀뢰-흐(즈)
차체	carrosserie (f)	꺄호쓰히
창 측	côté fenêtre (m)	꼬떼 프네트흐
철도	chemin de fer (m)	슈맹 드 페-흐
초고속전철	TGV (m)	떼제베
추가요금	supplément (m)	쒸쁠레멍
추돌	heurt par arrière (m)	외-흐 빠흐 아히에-흐
추월금지	dépassement interdit (m)	데빠쓰멍 앵떼흐디
추월하다	doubler	두블레
출발	départ (m)	데빠-흐
~출발의	en provenance de ~	엉 프호브넝쓰 드 ~
출발하다	démarrer	데마헤
출입국관리	officier d'immigration (m)	오피씨에 디미그하씨옹
출항하다	quitter le port	끼떼 르 뽀-흐
충돌	collision (f)	꼴리지옹
취소	annulation (f)	아뉠라씨옹

침대	lit [m]	리
침대차	voiture-lit [f]	부아뛰-흐 리
칸, 실(열차의)	compartiment [m]	꽁빠흐띠멍
캠핑카	camping-car [m]	껌삥꺄-흐
커브	virage [m]	비하-쥬
케이블철도	funiculaire [m]	퓌니뀔래-흐
케이블카	téléphérique [m]	뗄레페히끄
코인로커	consigne automatique [f]	꽁씨뉴 오또마띠끄
쿠셋(침대차)	couchette [f]	꾸셰뜨
클러치	embrayage [m]	엄브해이아-쥬
키	gouvernail [m]	구베흐나이으
키오스크	kiosque [m]	끼오스끄
타다	monter	몽떼
타이어	pneu [m]	쁘누
타이어를 교환하다	échanger des roues	에성졔 데 후
택시	taxi [m]	딱씨
택시 운전기사	chauffeur de taxi [m]	쇼푀-흐 드 딱씨
택시 정류장	station de taxis [f]	스따씨옹 드 딱씨
택시미터	taximètre [m]	딱씨메트흐
터널	tunnel [m]	뛰넬
톨게이트	péage [m]	뻬아-쥬
트럭	camion [m]	꺄미옹
트렁크(차의)	coffre [m]	꼬프흐

트롤리버스	trolley [m]	트홀레
특급열차	train rapide [m]	트행 하삐드
팁	pourboire [m]	뿌흐부아-흐
파업	grève [f]	그헤브
펑크	crevaison [f]	끄흐배종
페리	ferry-boat [m]	페히보-뜨
편도	aller simple [m]	알레 쎙쁠
표(지하철, 버스)	ticket [m]	띠께
표자동판매기	distributeur de billets [m]	디스트히뷔뙤-흐 드 비예
프랑스 국유 철도	SNCF [f]	에스엔쎄에프
플랫폼	quai [m]	깨
하물	bagages [m, pl.]	바갸쥬
한국 차	voiture coréenne [f]	부아뛰-흐 꼬헤앤
할인	réduction [f]	헤뒥씨옹
항구	port [m]	뽀-흐
항로	route maritime [f]	후뜨 마히띰
항해	navigation [f]	나비갸씨옹
핸들	volant [m]	볼렁
~행의	à destination de ~	아 데스띠나씨옹 드 ~
헤드라이트	phare [m]	파-흐
환승	changement [m]	셩쥬멍
휴게소	aire de service [f]	애-흐 드 쎄흐비쓰
휴게실	hall [m]	올

Chapitre 9

쇼핑

간단한 한마디

이것은 얼마입니까?

C'est combien?

쎄 꽁비앵

계산은 어디에서 합니까?

Où est la caisse?

우 엘 라 깨쓰

이 근처에 백화점이 있습니까?
Y a-t-il un grand magasin près d'ici?
이 야띨 앵 그헝 마가쟁 프헤 디씨

핸드백을 찾고 있어요.
Je cherche un sac à main.
쥬 셰흐슈 앵 싹 까 맹

(백화점에서) 여성복 매장은 몇 층에 있습니까?
A quel étage est le rayon des dames?
아 껠 레따-쥬 에 르 해이옹 데 담

(카탈로그를 보이고) 같은 게 있습니까?
Avez-vous quelque chose de semblable?
아베 부 껠끄 쇼-즈 드 썽블라블

파란 색이 좋겠는데요.
Je préfère la couleur bleue.
쥬 프헤페-흐 라 꿀뢰-흐 블르

저것을 보여주세요.
Montrez-moi ça.

몽트헤 무아 싸

왼쪽에 있는 것을 보여주세요.
Celui de gauche, s'il vous plaît.

쏠뤼이 드 고슈 씰 부 쁠래

마음에 안 듭니다.
Ça ne me plaît pas.

싸 느 므 쁠래 빠

(마음에 들지 않아서) 좀 생각해 보고요.
Je vais réfléchir.

쥬 배 헤플레시-흐

이것으로 하겠습니다.
Je choisis ceci.

쥬 슈아지 쓰씨

mp3 064

가격이 얼마입니까?
Quel est le prix?
껠 레 르 프히

너무 비쌉니다.
C'est trop cher.
쎄 트호 셰-흐

좀 더 싼 것은 없습니까?
Il y en a de moins cher?
일 리 엉 나 드 무앵 셰-흐

다른 것을 보여 주겠습니까?
Voulez-vous m'en montrer d'autres?
불레 부 멍 몽트헤 도트흐

둘러보는 중입니다.
Je regarde seulement.
쥬 흐가흐드 쐴르멍

좀 깎아 주시겠어요?
Voulez-vous me faire un prix?
불레 부 므 패-흐 앵 프히

깎아 주면 살게요.
Si vous me faites un prix, je le prends.
씨 부 므 패뜨 앵 프히 쥬 르 프헝

이 주소로 보내 줄 수 있습니까?
Pouvez-vous l'envoyer à cette adresse?
뿌베 부 렁부아이에 아 쎄 따드헤쓰

우송료는 얼마입니까?
C'est combien pour les frais d'expédition?
쎄 꽁비앵 뿌흐 레 프해 덱스뻬디씨옹

선물용으로 포장해 주세요.
Faites un paquet-cadeau.
패뜨 앵 빠께 까도

같은 것으로 세 개 주세요.
Donnez m'en trois les mêmes.

도네 멍 트후아 레 멤므

합계가 얼마나 됩니까?
Combien en tout?

꽁비앵 엉 뚜

따로따로 포장해 주시겠어요?
Pouvez-vous les envelopper séparément?

뿌베 부 레 엉블로뻬 쎄빠헤멍

상자에 넣어 주세요.
Mettez-le dans une boîte.

메떼 르 덩 쥔 부아뜨

이 신용카드 쓸 수 있습니까?
Est-ce que vous acceptez cette carte de crédit?

에쓰 끄 부 악쎕떼 쎄뜨 까흐뜨 드 크헤디

여행자수표 받습니까?
Acceptez-vous les chèques de voyage?
악쎕떼 부 레 셰끄 드 부아야쥬

영수증을 주시겠어요?
Puis-je avoir un reçu?
쀠이 쥬 아부아흐 앵 흐쒸

계산이 잘못 된 것 같아요.
Vous avez dû vous tromper dans les calculs.
부 자베 뒤 부 트홍뻬 덩 레 깔뀔

세금환불 수속을 여기서 할 수 있습니까?
Je peux faire la détaxe ici?
쥬 뿌 패-흐 라 데딱스 이씨

나중에 교환이 됩니까?
Est-ce qu'on peut l'échanger si ça ne va pas?
에쓰 꽁 뿌 레성졔 씨 싸 느 바 빠

옷 사기

mp3 066

원피스를 보여 주세요
Montrez-moi une robe.
몽트헤 무아 윈 호브

이걸 입어 봐도 됩니까?
Pourrais-je essayer ceci?
뿌해 쥬 에쎄이에 쓰씨

이건 내겐 작아요.
C'est un peu trop petit pour moi.
쎄 앵 뿌 트호 쁘띠 뿌흐 무아

더 큰 사이즈 있습니까?
Avez-vous d'autres modèles plus grands?
아베 부 도트흐 모델 쁠뤼 그헝

사이즈를 모릅니다.
Je ne connais pas ma taille.
쥬 느 꼬내 빠 마 따이으

사이즈를 재주겠어요?
Voulez-vous prendre mes mesures?
불레 부 프헝드흐 메 므쥐-흐

이 디자인은 마음에 들지 않습니다.
Ce modèle ne me plaît pas.
쓰 모델 느 므 쁠래 빠

좀 더 수수한 것은 없습니까?
Vous en avez de plus discret?
부 정 나베 드 쁠뤼 디스크헤

다른 색 있습니까?
Avez-vous d'autres couleurs?
아베 부 도트흐 꿀뢰-흐

다른 상품이 있습니까?
Avez-vous d'autres choses?
아베 부 도트흐 쇼-즈

신발·가방

mp3 067

(손짓으로) 이 정도 크기의 여행 가방을 찾고 있는데요.
Je cherche une valise comme ça.

쥬 세흐슈 윈 발리-즈 꼼 싸

오른쪽에서 두 번째 있는 것을 보여 주세요.
Montrez-moi le deuxième à partir de la droite.

몽트헤 무아 르 드지엠 아 빠흐띠흐 드 라 드후아뜨

젊은이에게 인기 있는 가방은 어떤 것이죠?
Lequel de ces sacs plaît beaucoup aux jeunes?

르껠 드 쎄 싹 쁠래 보꾸 오 죈

소재는 무엇입니까?
C'est fait en quoi?

쎄 패 엉 꾸아

디자인이 다른 것은 있습니까?
Avez-vous d'autres modèles?

아베 부 도트흐 모델

롱부츠를 보여 주세요.

Je voudrais voir des chaussures montantes.

쥬 부드해 부아-흐 데 쇼쒸-흐 몽떵뜨

굽이 너무 높습니다(낮습니다).

Le talon est trop haut(bas).

르 딸롱 에 트호 오(바)

이것을 신어보고 싶은데요.

Je voudrais essayer celles-ci.

쥬 부드해 에쌔이에 쎌 씨

볼이 좀 작아요.

Un peu serré.

앵 뿌 쎄헤

볼이 큰 것을 보여 주세요.

Montrez-moi des chaussures larges, s'il vous plaît.

몽트헤 무아 데 쇼쒸흐 라흐쥬 씰 부 쁠래

화장품·액세서리

립스틱을 찾고 있습니다.
Je cherche un rouge à lèvres.
쥬 셰흐슈 앵 후 쟈 레-브흐

이 색깔이 제게 어울립니까?
Cette couleur me va bien?
쎄뜨 꿀뢰-흐 므 바 비앵

(상품명, 번호를 써서) 이것이 이 가게에 있습니까?
Vous avez cela chez vous?
부 자베 쓸라 셰 부

신제품이 있습니까?
Vous avez des nouveautés?
부 자베 데 누보떼

가장 인기 있는 향수는 어느 것입니까?
Quel parfum marche le plus?
껠 빠흐핑 마흐슈 르 쁠뤼스

쇼핑

파운데이션 샘플이 있습니까?
Avez-vous des échantillons de fond de teint?

아베 부 데 에셩띠이옹 드 퐁 드 땡

브로치를 찾고 있는데요.
Je voudrais une broche.

쥬 부드해 윈 브호슈

제 이니셜을 새겨 주시겠어요?
Pouvez-vous graver mes initiales?

뿌베 부 그하베 메 지니씨알

백유로 정도의 멋진 시계 있습니까?
Vous avez une jolie montre dans les 100 euros?

부 자베 윈 졸리 몽트흐 덩 레 썽 으-호

보증서가 있습니까?
C'est accompagné d'un certificat de garantie?

쎄 아꽁빠녜 됭 쎄흐띠피까 드 갸헝띠

면세점·슈퍼마켓

mp3 069

면세로 살 수 있습니까?
Peut-on acheter hors taxes?
뿌똥 아슈떼 오-흐 딱쓰

면세로 부탁합니다.
La détaxe, s'il vous plaît.
라 데딱쓰 씰 부 쁠래

이 서류에 어떻게 쓰면 됩니까?
Comment dois-je remplir ce papier?
꼬멍 두아 쥬 헝쁠리-흐 쓰 빠삐에

신고서를 주세요.
Un formulaire hors taxes, s'il vous plaît.
앵 포흐뮐래-흐 오-흐 딱쓰 씰 부 쁠래

한국 원화로 얼마나 됩니까?
Combien cela fait-il en won?
꽁비앵 쏠라 패띨 엉 원

쇠고기 2백 그램 주세요.
Je prends 200 grammes de bœuf, s'il vous plaît.

쥬 프헝 드썽 그함 드 뵈프 씰 부 쁠래

그것을 8개 주세요.
Donnez-m'en huit.

도네 멍 휘이뜨

(손으로 가리키며) 이것과 이것을 주세요.
Ceci et ceci, s'il vous plaît.

쓰씨 에 쓰씨 씰 부 쁠래

더 필요하신 게 있습니까?
Avec ceci?

아베끄 쓰씨

그것뿐입니다.
C'est tout.

쎄 뚜

환불·교환

어제 여기서 샀는데요.
Je l'ai acheté ici hier.
쥬 래 아슈떼 이씨 이에-흐

반품(교환)하고 싶은데요.
Je voudrais me faire rembourser(échanger) ça.
쥬 부드해 므 패-흐 헝부흐쎄(에셩제) 싸

이것을 교환해 줄 수 있습니까?
Pouvez-vous me changer ceci?
뿌베 부 므 셩제 쓰씨

새 것으로 교환해 주세요.
Vous pouvez l'échanger pour un autre, s'il vous plaît.
부 뿌베 레셩제 뿌흐 앵 노트흐 씰 부 쁠래

사이즈가 안 맞아요.
Ce n'est pas ma taille.
쓰 네 빠 마 따이으

차액을 지불할 테니 다른 물건으로 교환해 주세요.
Vous pouvez l'échanger avec un autre, je paierai la différence.

부 뿌베 레성제 아베깽 노트흐 쥬 빼으해 라 디페헝쓰

어제 산 그릇에 금이 가 있어서요.
L'assiette que j'ai achetée hier était fendue.

라씨에뜨 끄 재 아슈떼 이에-흐 에때 펑뒤

여기에 문제가 있습니다.
Voici les défauts.

부아씨 레 데포

작동이 안 됩니다.
Ça ne fonctionne plus.

싸 느 퐁끄씨온느 쁠뤼

물건이 달라요.
Ce n'est pas le bon article.

쓰 네 빠 르 봉 아흐띠끌

가격	prix (m)	프히
가격표	étiquette (f)	에띠께뜨
가전제품 매장	rayon appareils	헤이옹 아빠헤이-으
	électriques (m)	엘렉트히끄
가정용품 매장	rayon ménager (m)	헤이옹 메나제
같은	même	멤
거스름돈	monnaie (f)	모내
견본	échantillon (m)	에셩띠용
계산대	caisse (f)	깨쓰
계산대 점원	caissier(ère) (m, f)	깨씨에(-흐)
고객	client(e) (m, f)	끌리엉 (뜨)
골동품가게	antiquaire (m)	엉띠깨-흐
교환하다	échanger	에셩제
기념품점	magasin de souvenir (m)	마갸쟁 드 쑤브니-흐
꽃집	fleuriste (f)	플리히스뜨
다른	différent(e)	디페헝 (뜨)
더 싼	moins cher(chère)	무앙 셰-흐
더 작은	plus petit(e)	쁠뤼 쁘띠(뜨)
더 질 좋은	meilleur e qualité	메이외-흐 깔리떼
더 큰	plus grand(e)	쁠뤼 그헝(드)
도자기점	poterie (f), céramique (f)	뽀뜨히, 쎄하미끄
레코드가게	magasin de disques (m)	마갸쟁 드 디스끄
면세의	détaxé(e)	데딱쎄

면세점	magasin hors-taxe [m]	마갸쟁 오-흐딱쓰
모조품	un faux	앵 포
문방구점	papeterie [f]	빠뻬뜨히
바겐세일	solde [m]	쏠드
벼룩시장	marché aux puces [m]	마흐세 오 퓌쓰
보내다, 발송하다	envoyer	엉부아이에
보석가게	bijouterie [f]	비쥬뜨히
부가가치세	T.V.A. [f]	떼베아
불량품	article défectueux [m]	아흐띠-끌 데펙뛰우
비닐봉지	sac en plastique [m]	싸 껑 쁠라스띠끄
비싼	cher	셰-흐
빵집	boulangerie [f]	불렁쥬히
사이즈	taille [f]	따이으
사이즈를 고치다	retoucher	흐뚜세
사진사	photographe [m]	포또그하프
상점주인	patron(ne) [m, f]	빠트홍(흔)
생선가게	poissonnerie [f]	뿌아쏜느히
서명	signature [f]	씨냐뛰-흐
서점	librairie [f]	리브해히
선물	cadeau [m]	까도
쇼핑 카트	chariot [m]	샤히오
수리하다	réparer	헤빠헤
슈퍼마켓	supermarché [m]	쒸뻬흐마흐세

쇼핑 필수단어

시계점	horlogerie [m]	오흐로쥬히
식료품점	épicerie [f]	에삐쓰히
식품 매장	rayon alimentation [m]	해이옹 알리멍따씨옹
신발가게	magasin de chaussures [m]	마갸쟁 드 쇼쒸-흐
실내 잡화 매장	rayon articles d'intérieur [m]	해이옹 아흐띠끌 댕떼히외-흐
싼	moins cher	무앵 셰-흐
안경점	opticien [m]	옵띠씨앵
야채가게	marchand de légumes [m]	마흐셩 드 레귐
양복점	tailleur [m]	따이외-흐
얼룩진	taché(e)	따셰
영수증	reçu [m]	흐쒸
옷 안쪽에 상표가 붙은	griffé	그히페
윈도쇼핑을 하다	faire du lèche-vitrines	패-흐 뒤 레슈비트힌
유행의	à la mode	알 라 모드
의류매장	rayon vêtements [m]	해이옹 베뜨멍
일상의	courant(e)	꾸헝(뜨)
입어(신어) 보다	essayer	에쌔이에
입어보는 곳	cabine d'essayage [f]	꺄빈 데쌔이야-쥬
장난감가게	magasin de jouets [m]	마갸쟁 드 쥬에
전통적인	traditionnel(e)	트하디씨오넬
점원	vendeur(se) [m, f]	벙되-흐(즈)
종이봉지	sac en papier [m]	싸 껑 빠-삐에
지불	paiement [m]	빼멍

청구	demande (f)	드멍드
클레임	réclamation (f)	헤끌라마씨옹
파손된	cassé	까쎄
포장하다	emballer	엉발레
품질	qualité (f)	꺌리떼
할인	réduction (f)	헤뒥씨옹
헌책방	bouquiniste (m)	부끼니스뜨
화려한	voyant(e)	부아이영(뜨)
화장품점	parfumerie (f)	빠흐퓌므히
환불	remboursement (m)	헝부흐쓰멍

의류·속옷

거들	gaine (f)	갠
긴 바지, 팬츠	pantalon (m)	뼁딸롱
긴소매	manches longues (f, pl)	멍슈 롱그
깃, 칼라	col (f)	꼴
나이트가운	chemise de nuit (f)	슈미즈 드 뉘이
남성양복(쓰리피스)	complet (m)	꽁쁠레
레인코트, 비옷	imperméable (m)	앵뻬흐메아블
메리야스	maillot de corps (m)	마이오 드 꼬흐
미니스커트	mini-jupe (f)	미니쥡
바람막이	coupe-vent (m)	꾸쁘벙

쇼핑 필수단어

반바지	short [m]	쇼흐뜨
반소매	manches courtes [f, pl.]	멍슈 꾸흐뜨
브래지어	soutien-gorge [m]	쑤띠앵고흐쥬
블라우스	blouse [f]	블루즈
사각팬티, 트렁크	caleçon [m]	꺌르쏭
삼각팬티	slip [m]	쓸리쁘
소매	manche [m]	멍슈
스웨터	pull [m]	쀨
스커트	jupe [f]	쥡
스타킹	bas [m, pl.]	바
슬립	combinaison [f]	꽁비내종
실내복	robe de chambre [f]	호브 드 셩브흐
양말	chaussettes [f, pl.]	쇼쎄뜨
여성용 블라우스	chemisier [m]	슈미지에
옷 사이즈	taille [f]	따이으
옷, 의류	vêtements [m, pl.]	베뜨멍
와이셔츠	chemise [f]	슈미-즈
외투	manteau [m]	멍또
원피스	robe [f]	호브
이브닝드레스	robe de soirée [f]	호브 드 쑤아헤
잠옷	pyjama [m]	삐쟈마
재킷	veste [f]	베스트
점퍼, 짧은 상의	blouson [m]	블루종

Chapitre 9

쇼핑 단어

정장(남성용)	costume (m)	꼬스뜀
조끼	gilet (m)	질레
주머니, 포켓	poche (f)	뽀슈
청바지	jean (m)	진
카디건	cardigan (m)	꺄흐디겅
탱크톱	débardeur (m)	데바흐되-흐
턱시도	smoking (m)	스모낑그
투피스	tailleur (m)	따이외-흐
티셔츠	T-shirt (m)	띠 셔흐뜨
팬티스타킹	collants (m, pl.)	꼴렁
폴로셔츠	polo (m)	뽈로

무늬		
무늬	dessin (m)	데쎙
꽃무늬	dessin à fleurs (m)	데쎙 아 플뢰-흐
무늬 없는 천	uni (m)	위니
물방울무늬	dessin à pois (m)	데쎙 아 뿌아
줄무늬	dessin rayures (m)	데쎙 해이위-흐
체크무늬	dessin carreaux (m, pl.)	데쎙 꺄흐

소재

소재		
18금	or à dix-huit carats (m)	오-흐 아 디쥐이 꺄하
가죽	cuir (m)	뀌이-흐
나일론	nylon (m)	닐롱
레이온	rayonne (f)	해이욘
마직	lin (m)	랭
면직	coton (m)	꼬똥
모직	laine (f)	랜
모피	fourrure (f)	푸휘-흐
밍크	vison (m)	비종
순모	pure laine (f)	쀠흐 랜
실크	soie (f)	쑤아
아크릴섬유	fibre acrylique (f)	피브흐 아크힐리끄
악어가죽의	en croco	엉 크흐꼬
앙고라	angora (m)	엉고하
여우	renard (m)	흐나-흐
인조모피	fourrure synthétique (f)	푸휘-흐 쌩떼띠끄
인조섬유	fibre artificielle (f)	피브흐 아흐띠피씨엘
천연섬유	fibre naturelle (f)	피브흐 나뛰헬
캐시미어	cachemire (m)	꺄슈미-흐
폴리에스테르	polyester (m)	뽈리에스떼-흐
합성가죽	cuir synthétique (m)	뀌이-흐 쌩떼띠끄
혼방	fibres mélangées (f, pl.)	피브흐 멜렁졔

단어만 말해도 뜻은 통한다!

색깔

갈색의	brun(e)	브행(흰)
검정색의	noir(e)	누아-흐
군청색의	bleu marine	블르 마힌
금색의	doré(e)	도헤
남색의	indigo	앵디고
노란색의	jaune	죤
다갈색의	fauve	포브
무색의	incolore	앵꼴로-흐
밝은, 옅은	clair(e)	끌래-흐
밤색의	marron	마홍
베이지색의	beige	배쥬
보라색의/연보라색의	violet(te)/mauve	비올레(뜨) / 모브
분홍색의	rose	호-즈
빨간색의/자주색의	rouge/pourpre	후-쥬/ 뿌-흐프흐
색	couleur (f)	꿀뢰-흐
색조	teinte (f)	땡뜨
어두운	sombre	쏭브흐
오렌지색의	orangé(e)	오헝졔
와인색의	bordeaux	보흐도
은색의	argenté(e)	아흐졍떼
짙은, 진한	foncé(e)	퐁쎄
초록색의	vert(e)	베-흐(뜨)

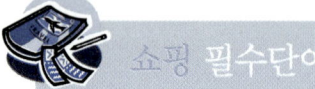

크림색의	crème	크헴
투명한	transparent(e)	트헝스빠헝(트)
파란색의	bleu(e)	블르
회색의	gris(e)	그히(-즈)
흰색의	blanc(he)	블렁(슈)

액세서리

가방	sac [m]	싹
감정서	certificat d'origine [m]	쎄흐띠피꺄 도히진
귀걸이, 피어스	boucle d'oreilles [f]	부끌 도헤이으
귀금속	métal précieux [m]	메딸 프헤씨우
금은세공품	orfèvrerie [f]	오흐페브흐히
나비넥타이	nœud papillon [m]	느 빠삐용
넥타이	cravate [f]	크하바뜨
넥타이핀	épingle de cravate [f]	에뼁글 드 크하바뜨
단추	bouton [m]	부똥
동전지갑	porte-monnaie [m]	뽀흐뜨모내
머플러	écharpe [f]	에샤흐쁘
메달	médaillon [m]	메다이용
멜빵	bretelles [f, pl.]	브흐뗄
모자	chapeau [m]	샤뽀
모자(챙이 없는)	bonnet [m]	보네

모자(챙이 있는)	casquette [f]	까스께뜨
목걸이	collier [m]	꼴리에
반지	bague [f]	바그
배낭	sac à dos [m]	싸 까 도
베레모	béret [m]	베헤
벨트	ceinture [f]	쌩뛰-흐
보석	pierre précieuse [f]	피에-흐 프헤씨우-즈
보석상자	écrin [m]	에크행
보증서	garantie [f]	갸헝띠
브로치	broche [f]	브호슈
서류가방	serviette [f]	쎄흐비에뜨
선글라스	lunettes de soleil [f, pl.]	뤼네뜨 드 쏠레이으
손가방	pochette [f]	뽀셰뜨
손목시계	montre [f]	몽트-흐
손수건	mouchoir [m]	무슈아-흐
숄	châle [m]	샬
스카프	foulard [m]	풀라-흐
안경	lunettes [f, pl.]	뤼네뜨
여행가방, 보스턴백	sac de voyage [m]	싹 드 부아야쥬
열쇠고리	porte-clés [m]	뽀흐뜨끌레
우산	parapluie [m]	빠하쁠뤼이
인조의	artificiel(le)	아흐띠피씨엘
장갑	gants [m, pl.]	겅

지갑	portefeuille (m)	뽀흐뜨푀이으
진짜의	authentique	오떵띠끄
캐럿	carat (m)	꺄하
커프스버튼	bouton de manchettes (m)	부똥 드 멍셰뜨
팔찌	bracelet (m)	브하쓸레
패물	bijou (m) / joyau (m)	비쥬 / 쥬아이오
펜던트	pendentif (m)	뺑덩띠프
핀	épingle (f)	에뺑글
핸드백	sac à main (m)	싹 까 맹

재봉용구		
가위	ciseaux (m, pl.)	씨조
단추	bouton (m)	부똥
똑딱단추	bouton-pression (m)	부똥 프헤씨옹
바늘	aiguille (f)	애귀이으
실	fil (m)	필
안전핀	épingle de sureté (f)	에뺑글 드 쉬흐떼
훅	agrafe (f)	아그하프

화장품

한국어	프랑스어	발음
기초화장	base de maquillage (f)	바즈 드 마끼야쥬
눈썹연필	crayon à sourcils (m)	크해이옹 아 쑤흐씰
데오드란트	déodorant (m)	데오도헝
로션	lait de beauté (m)	래 드 보떼
린스	après-shampoing (m)	아프헤셩뿌앙
립글로스	brillant à lèvres (m)	브히영 따 레브흐
립스틱	rouge à lèvres (m)	후 쟈 레브흐
립크림	crème pour les lèvres (f)	크헴 뿌흐 레 레브흐
마스카라	mascara (m)	마스꺄하
매니큐어	vernis à ongles (m)	베흐니 아 옹글
면도크림	crème à raser (f)	크헴 아 하제
보습크림	crème hydratante (f)	크헴 이드하떵뜨
볼연지	rouge à joues (m)	후 쟈 쥬
붙이는 속눈썹	faux cils (m, pl.)	포 씰
샴푸	shampoing (m)	셩뿌앙
선크림	crème solaire (f)	크헴 쏠래-흐
선탠크림	crème après-bronzage (f)	크헴 아프헤브홍자-쥬
스킨로션	lotion après-rasage (f)	로씨옹 아프헤하자-쥬
아이라이너	eye-liner (m)	아일라이뇌-흐
아이섀도	fard à paupières (m)	파흐 아 뽀삐에-흐
오데코롱	eau de Cologne (f)	오 드 꼴로뉴
주름살 방지 크림	crème antirides (f)	크헴 엉띠히드

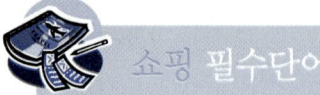
클렌징크림	démaquillant [m]	데마끼엉
파우더, 분	poudre [f]	뿌드흐
파운데이션	fond de teint [m]	퐁 드 땡
팩(미용)	masque [m]	마스끄
퍼프, 분첩	houppe à poudre [f]	우 빠 뿌드흐
헤어로션	lotion capillaire [f]	로씨옹 꺄삘래-흐
헤어스프레이	bombe de laque [f]	봉브 드 라끄
화장수	eau de toilette [f]	오 드 뚜알레뜨
화장티슈	mouchoir en papier [m]	무슈아-흐 엉 빠피에
화장품	produit de beauté [m]	프호뒤이 드 보떼

가정용품·주방용품

가구	meuble [m]	뫼블
깡통따개	ouvre-boîte [m]	우브흐 부아뜨
마개따개	décapsuleur [m]	데깝쓀뢰-흐
베개커버	taie d'oreiller [f]	때 도헤이에
양탄자	moquette [f]	모께뜨
침대시트	drap [m]	드하
코르크마개뽑이	tire-bouchon [m]	띠흐 부숑

단어만 말해도 뜻은 통한다!

문방구		
고무지우개	gomme [f]	곰
끈	ficelle [f]	피쎌
노트	cahier [m]	꺄이에
만년필, 펜	stylo [m]	스띨로
봉투	enveloppe [f]	엉블로쁘
사인펜	crayon-feutre [m]	크해이옹 푀-트흐
수성볼펜	stylo à bille à l'eau [m]	스띨로 아 비이으 알 로
스카치테이프	scotch [m]	스꼬치
스티커	papier collant [m]	빠삐에 꼴렁
연필	crayon [m]	크해이옹
연필깎이	taille-crayons [m]	따이 크해이옹
유성볼펜	stylo à bille à l'huile [m]	스띨로 아 비이으 아 뤼일
자	règle [f]	헤글
칼	couteau [m]	꾸또
호치키스	agrafeuse [f]	아그하푀-즈

Chapitre 10

통신

간단한 한마디

전화 좀 써도 되겠습니까?

Est-ce que je peux utiliser le téléphone?

에쓰 끄 쥬 뿌 위띨리제 르 뗄레폰

김이 전화했다고 전해 주세요.

Dites lui que Kim a appelé.

디뜨 뤼이 끄 낌 아 아쁠레

여보세요, 김인데요.
Allô! C'est Kim.

알로　쎄 낌

뒤퐁 씨를 부탁합니다.
Je voudrais parler avec Monsieur Dupont.

쥬 부드해 빠흘레 아베끄 므씨유 뒤뽕

그는 지금 외출 중입니다.
Il n'est pas là, en ce moment.

일 네 빠 라 엉 쓰 모멍

전할 말이 있습니까?
Y a-t-il un message?

이 야띨 앵 메싸-쥬

나중에 전화하겠습니다. 고맙습니다.
Je le rappellerai plus tard, merci.

쥬 르 하뻴르해 쁠뤼 따-흐 메흐씨

끊지 말고 기다리세요.
Ne quittez pas, s'il vous plaît.
느 끼떼 빠 씰 부 쁠래

끊고 기다리세요.
Raccrochez, s'il vous plaît.
하끄호셰 씰 부 쁠래

상대가 나왔습니다. 통화하세요.
Sur la ligne, je vous le passe.
쉬흐 라 리뉴 쥬 부 르 빠-쓰

통화중입니다.
La ligne est occupée.
라 리뉴 에 오뀌뻬

전화를 받지 않습니다.
Pas de réponse.
빠 드 헤뽕쓰

공중전화 걸 때

*mp3 **072***

이 근처에 공중전화가 있습니까?
Il y a une cabine téléphonique près d'ici?

일 리 야 윈 꺄빈 뗄레포니끄 프헤 디씨

전화카드를 어디서 살 수 있습니까?
Où je peux acheter une télécarte?

우 쥬 뿌 아슈떼 윈 뗄레꺄흐뜨

10유로짜리 전화카드 주세요.
Je voudrais une télécarte à 10 euros.

쥬 부드해 윈 뗄레꺄흐뜨 아 디즈-호

어떻게 걸죠?
Comment marche ce téléphone?

꼬멍 마흐슈 쓰 뗄레폰

좀 천천히 말해 주세요.
Vous pouvez parler plus lentement, s'il vous plaît.

부 뿌베 빠흘레 쁠뤼 렁뜨멍 씰 부 쁠래

잔돈이 없어요.
Je n'ai pas de monnaie.
쥬 내 빠 드 모내

잔돈으로 바꿔 줄 수 있어요?
Pouvez-vous changer mon billet en monnaie?
뿌베 부 성제 몽 비예 엉 모내

그에게 메시지를 전해 주시겠어요?
Puis-je laisser un message?
쀠이 쥬 래쎄 앵 메싸쥬

한국어를 하실 수 있는 분 계세요?
Y a-t-il quelqu'un qui parle coréen?
이 야띨 껠깽 끼 빠흘르 꼬헤앵

이 번호로 전화 좀 걸어 주시겠어요?
Vous pouvez composer ce numéro pour moi, s'il vous plaît.
부 뿌베 꽁뽀제 쓰 뉘메호 뿌-흐 무아 씰 부 쁠래

국제전화 걸 때

*mp3 **073***

어디서 국제전화를 걸 수 있습니까?
D'où est-ce que je peux appeler à l'étranger?

두 에쓰 끄 쥬 뿌 아쁠레 아 레트헝졔

방에서 국제전화를 걸 수 있습니까?
On peut appeler à l'étranger depuis la chambre?

옹 뿌 아쁠레 아 레트헝졔 드쀠이 라 셩-브흐

방에서 다이얼통화로 한국으로 걸 수 있습니다.
Vous pouvez appeler la Corée directement depuis votre chambre.

부 뿌베 아쁠레 라 꼬헤 디헥뜨멍 드쀠이 보-트흐 셩-브흐

한국으로 국제전화를 부탁합니다.
Je voudrais appeler en Corée, s'il vous plaît.

쥬 부드해 아쁠레 엉 꼬헤 씰 부 쁠래

이 전화로 한국으로 통화할 수 있습니까?
Puis-je appeler la Corée avec ce téléphone?

쀠이쥬 아쁠레 라 꼬헤 아베끄 쓰 뗄레쁜

국제전화용 전화카드 주세요.
Je voudrais une carte téléphonique internatonale.

쥬 부드해 윈 까흐뜨 뗄레포니끄 앵떼흐나씨오날

한국으로 거는 방법을 가르쳐 주시겠어요?
Vous pouvez m'expliquer comment appeler la Corée?

부 뿌베 멕스쁠리께 꼬멍 아쁠레 라 꼬헤

한국으로 컬렉트콜을 부탁합니다.
En PCV en Corée, s'il vous plaît.

엉 뻬쎄베 엉 꼬헤 씰 부 쁠래

누가 요금을 지불합니까?
Qui paye?

끼 빼이

제가 낼 겁니다.
Je vais payer.

쥬 배 빼이에

인터넷·팩스 이용할 때

mp3 **074**

이 호텔에서 인터넷을 이용할 수 있습니까?
Il y a un accès internet dans cet hôtel?
일 리 야 앵 악쎄 앵떼흐네뜨 덩 쎄 또뗄

이 근처에 인터넷카페가 있습니까?
Il y a un cybercafé dans le coin?
일 리 야 앵 씨베-흐까페 덩 르 꾸앵

1시간에 얼마입니까?
Ça coûte combien pour une heure?
싸 꾸뜨 꽁비앵 뿌-흐 위 뇌-흐

한국어 설정을 해 주시겠어요?
Est-ce que vous pouvez installer les caractères coréens?
에쓰 끄 부 뿌베 엥스딸레 레 꺄학떼흐 꼬헤앙

이 페이지를 프린트하고 싶은데 한 장에 얼마입니까?
Je voudrais imprimer cette page. C'est combien par page?
쥬 부드해 앵프히메 쎄뜨 빠-쥬   쎄 꽁비앵 빠흐 빠-쥬

이 키보드 사용법을 가르쳐 주시겠어요?
Vous pouvez me montrer comment utiliser ce clavier?

부 뿌베 므 몽트헤 꼬멍 위띨리제 쓰 끌라비에

@는 어디를 눌러야 합니까?
C'est quelle touche pour @?

쎄 껠 뚜슈 뿌-흐 하로바즈

컴퓨터가 작동을 안 하는데요.
L'ordinateur a planté.

로흐디나뙤-흐 아 쁠렁떼

어디서 팩스를 보낼 수 있습니까?
Où je peux envoyer un fax?

우 쥬 뿌 엉부아이에 앵 팍스

팩스로 이것을 한국으로 보내고 싶은데요.
Je voudrais faxer ça en Corée.

쥬 부드해 팍쎄 싸 엉 꼬헤

우체국

mp3 **075**

중앙우체국은 어디입니까?

Où est le bureau de poste central?

우 에 르 뷔호 드 뽀스뜨 썽트할

우체통은 어디 있습니까?

Où je peux trouver une boîte aux lettres?

우 쥬 뿌 트후베 윈 부아 또 레트흐

우체국은 몇 시부터 몇 시까지 엽니까?

Quels sont les horaires du bureau de post?

껠 쏭 레 조해-흐 뒤 뷔호 드 뽀스뜨

우표를 여기서 살 수 있습니까?

Puis-je avoir des timbres ici?

쀠이 쥬 아부아흐 데 땡브흐 이씨

1유로 우표 5장 주세요.

Je voudrais 5 timbres d'un euro, s'il vous plaît.

쥬 부드해 쌩 땡브흐 됭 느호 씰 부 쁠래

항공편으로 한국으로 부탁합니다.
Par avion en Corée, s'il vous plaît.

빠흐 아비옹 엉 꼬헤 씰 부 쁠래

선편으로 한국으로 부탁합니다.
Par bateau en Corée, s'il vous plaît.

빠흐 바또 엉 꼬헤 씰 부 쁠레

속달소포(우편)로 부탁합니다.
En colis(courrier) express, s'il vous plaît.

엉 꼴리(꾸히에) 엑스프헤스 씰 부 쁠래

이 우편요금은 얼마입니까?
C'est combien?

쎄 꽁비앵

내용물은 무엇입니까?
Qu'est-ce qu'il y a dedans?

께쓰 낄 리 야 드덩

http	http	아슈떼떼뻬
www	www	두블르베 두블르베 두블르베
가격, 가치	valeur (f)	발뢰-흐
검색엔진	moteur de recherche (m)	모뙤-흐 드 흐세흐슈
공중전화	téléphone public (m)	뗄레폰 쀠블릭
광대역통신	haut débit (m)	오 데비
교환	opératrice (f)	오뻬하트히쓰
국내, 국외편 특급서비스	CHRONOPOST (m)	크호노뽀스뜨
기념우표	timbre de collection (m)	땡브흐 드 꼴렉씨옹
긴급통화	communication urgente (f)	꼬뮈니까씨옹 위흐정뜨
끄다	arrêter	아헤떼
내선번호	numéro de poste (m)	뉘메호 드 뽀스뜨
내용물	contenu (m)	꽁뜨뉘
내용물 개수	nombre d'articles du contenu (m)	농브흐 다흐띠끌 뒤 꽁뜨뉘
내용물 명세	désignation détaillée du contenu (f)	데지냐씨옹 데따이에 뒤 꽁뜨뉘
넣다	insérer	앵쎄헤
노트북 컴퓨터	ordinateur portable (m)	오흐디나뙤-흐 뽀흐따블
다운로드하다	télécharger	뗄레샤흐제
닷(.)	point	뿌앵
더블클릭하다	double-cliquer	두블끌리께
데스크톱 컴퓨터	ordinateur de bureau (m)	오흐디나뙤-흐 드 뷔호

데이터	donnée (f)	도네
도장 난	en panne	엉 빤
도큐먼트	document (m)	도뀌멍
드래그하다	faire glisser	패-흐 글리쎄
등기우편	recommandé (m)	흐꼬멍데
디스크 드라이브	lecteur (m)	렉뙤-흐
로그아웃하다	fermer la session	페흐메 라 쎄씨옹
로그인하다	ouvrir une session	우브히-흐 윈 쎄씨옹
링크	lien (m)	리앵
마우스	souris (f)	쑤히
메시지	message (m)	메싸-쥬
메일 목록	liste de diffusion (f)	리스뜨 드 디퓌지옹
메일 주소	adresse e-mail (f)	아드헤쓰 이메일
모니터	moniteur (m)	모니뙤-흐
문자메시지	SMS (m)	에쓰엠에쓰
반송	renvoi (m)	헝부아
발송인	expéditeur(trice) (m, f)	엑스뻬디뙤-흐(트히스)
배달(우편)	distribution (f)	디스트히뷔씨옹
백신 프로그램	anti-virus (m)	엉띠비휘쓰
번호통화	communication ordinaire (f)	꼬뮈니꺄씨옹 오흐디내-흐
봉투	enveloppe (f)	엉블로쁘
블로그	weblog (m)	웨블로그

265

사서함	BP [f]	베뻬
사이트	site [m]	씨뜨
삭제하다	supprimer	쒸프히메
서버	serveur [m]	쎄흐뵈-흐
선물	cadeaux [m, pl.]	꺄도
선편으로	par bateau	빠흐 바또
소인	cachet postal [m]	꺄셰 뽀스딸
소포	colis [m]	꼴리
소프트웨어	logiciel [m]	로지씨엘
속달우편	exprès [m]	엑스프헤스
수거(우편물)	levée [f]	르베
수신함	boîte de réception [f]	부아뜨 드 헤쎕씨옹
수취인	destinataire [m, f]	데스띠나때-흐
스캐너	scanneur [m]	스꺄뇌-흐
스크린	écran [m]	에크헝
스페이스 키	espace [m]	에스빠쓰
슬래시(/)	slash	슬라쉬
시동하다	démarrer	데마헤
시디롬	CD-ROM [m]	쎄데홈
시외국번	indicatif telephonique [m]	앵디꺄띠프 뗄레포니끄
시프트 키	majuscule [f]	마쥐스뀔
실제중량	poid net	뿌아 네뜨
앳(@)	arobase	아호바-즈

엔터 키	entrée (f)	엉트헤
우송료 포함 봉투	Prêt à poster (m)	프헤 따 뽀스떼
우체국	bureau de poste (m)	뷔호 드 뽀스뜨
우체국 직원	employé(e) des postes (m, f)	엉플루아이에 데 뽀스뜨
우체부	facteur (m)	팍뙤-흐
우체통	boîte aux lettres (f)	부아 또 레트흐
우체통에 넣다	poster	뽀스떼
우편물	courrier (m)	꾸-히에
우편번호	code postal (m)	꼬드 뽀스딸
우편엽서	carte postale (m)	까흐뜨 뽀스딸
우편요금	taxe postale (f)	딱스 뽀스딸
우편이체	virement postal (m)	비흐멍 뽀스딸
우편이체예금계좌	CCP (m)	쎄쎄뻬
우편환	mandat postal (m)	멍다 뽀스딸
우표	timbre (m)	땡브흐
워드프로세서	traitement de textes (m)	트해트멍 드 떽스뜨
웹브라우저	navigateur (m)	나비갸뙤-흐
유에스비 메모리	clé USB (f)	끌레 위에쓰베
이메일	courrier électronique (m)	꾸-히에 엘렉트호니끄
인쇄물	imprimé (m)	앵프히메
인스톨하다	installer	앵스딸레
인터넷	Internet (m)	앵떼흐네뜨

작업표시줄	barre des tâches (f)	바-흐 데 따슈
잔돈	monnaie (f)	모내
잘라내다	couper	꾸-뻬
장거리전화	communication à longue distance (f)	꼬뮈니꺄씨옹 아 롱그 디스떵쓰
재발송	réexpédition (f)	헤엑스뻬디씨옹
저장하다	sauvegarder	소브갸흐데
전보	télégramme (m)	뗄레그함
전신이체	télégramme-virement (m)	뗄레그함비흐멍
전화번호	numéro de téléphone (m)	뉘메호 드 뗄레폰
전화번호부	annuaire téléphonique (m)	아뉘애흐 뗄레포니끄
전화하다	téléphoner	뗄레포네
제어판	panneau de configuration (m)	빠노드 꽁피귀하씨옹
주소	adresse (f)	아드헤쓰
지불하다	payer	뻬이에
채팅하다	chatter	챠떼
첨부파일	attachement (m)	아따슈멍
축소하다	réduire	헤뒤이-흐
커서	curseur (m)	뀌흐쐬-흐
컬렉트콜	PCV (m)	뻬쎄베
컴퓨터 바이러스	virus informatique (m)	비휘스 앵포흐마띠끄
컴퓨터 본체	unité centrale (f)	위니떼 썽트할

콜론(:)	deux points	드 뿌앵
클릭하다	cliquer	끌리께
키	touche (f)	뚜슈
키보드	clavier (m)	끌라비에
타이핑하다	taper	따뻬
틀린 번호	mauvais numéro (m)	모배 뉘메호
파일	fichier (m)	피시에
편지	lettre (f)	레트흐
편지지	papier à lettre (m)	빠삐에 아 레트흐
폴더	dossier (m)	도씨에
품목	article (m)	아흐띠끌
프린터	imprimante (f)	앵프히멍뜨
프린트하다	imprimer	앵프히메
플로피디스켓	disquette (f)	디스께뜨
하드웨어	materiel (m)	마떼히엘
하이픈(–)	trait d'union	뜨해 뒤니옹
항공봉함엽서	aérogramme (m)	아에호그함
항공편으로	par avion	빠흐 아비옹
홈페이지	page d'accueil (f)	빠-쥬 다꾀이으
확대하다	agrandir	아그헝디-흐

Chapitre 11

긴급상황

- 도움 청하기
- 분실·도난
- 교통사고
- 병원
- 증상을 설명할 때
- 약국
- ※ 긴급상황 필수단어

간단한 한마디

이 근처에 약국이 있습니까?

> ## Il y a une pharmacie près d'ici?
> 일 리 야 원 파흐마씨 프헤 디씨

경찰에 신고하고 싶습니다.

> ## Je voudrais le singnaler à la police.
> 쥬 부드해 르 씨냘레 알 라 뽈리쓰

도움 청하기

도와주세요!
Au secours!
오 쓰꾸ᅳ흐

휴대전화 좀 빌려 주시겠어요?
Pourriez-vous me prêter votre portable?
뿌히에 부 므 프헤떼 보트흐 뽀흐따블

시간이 없어요(급합니다).
Je suis pressé(e).
쥬 쒸이 프헤쎄

서둘러 주세요!
Dépêchez-vous!
데뻬셰 부

구내방송을 부탁합니다.
Passez une annonce, s'il vous plaît.
빠쎄 윈 아농쓰 씰 부 쁠래

미안하지만 순서를 바꿔 주시겠어요?
Pardon monsieur, pourriez-vous me laisser passer devant vous?

빠흐동 므씨유 뿌히에 부 므 래쎄 빠쎄 드벙 부

한국어 하시는 분 있습니까?
Y a-t-il quelqu'un qui parle coréen?

이 야띨 껠깽 끼 빠흘르 꼬헤앵

경찰을 불러 주세요!
Appelez-moi la police!

아쁠레 무아 라 뽈리쓰

도움이 필요합니다.
J'ai besoin de votre aide.

쟤 브주앵 드 보트흐 애드

경찰서가 어디입니까?
Où est le commissariat?

우 에 르 꼬미싸히아

분실·도난

mp3 **077**

분실물취급소는 어디입니까?
Où est le bureau des objets trouvés?
우 에 르 뷔호 데 오브제 트후-베

여권을 잃어버렸어요.
J'ai perdu mon passeport.
재 뻬흐뒤 몽 빠쓰뽀-흐

신용카드가 든 지갑을 잃어버렸어요.
J'ai perdu mon portefeuille avec ma carte de crédit.
재 뻬흐뒤 몽 뽀흐뜨푀이으 아베끄 마 까흐뜨 드 크헤디

소매치기가 지갑을 훔쳐갔어요.
On m'a volé le portefeuille.
옹 마 볼레 르 뽀흐뜨푀이으

찾으면 여기로 연락해 주세요.
Si vous le retrouvez, appelez-moi à ce numéro.
씨 부 르 흐트후베 아쁠레 무아 아 쓰 뉘메호

가방을 도둑맞았어요.
On m'a volé mon sac.

옹 마 볼레 몽 싹

열차 안에 카메라를 두고 내렸어요.
J'ai oublié mon appareil photo dans le train.

재 우블리에 몽 아빠헤이으 포또 덩 르 트행

빨리 신용카드를 정지시켜 주세요.
Vous pouvez faire opposition à ma carte de crédit immediatement, s'il vous plaît?

부 뿌베 패-흐 오쁘지씨옹 아 마 까흐뜨 드 크헤디 이메디아뜨 멍 씰 부 쁠래

가능한 한 빨리 재발행 해 주세요.
Vous pouvez le refaire le plus vite possible?

부 뿌베 르 흐패-흐 르 쁠뤼 비뜨 뽀씨블

대한민국대사관이 어디 있습니까?
Où est l'ambassade de Corée du Sud.

우 에 렁바싸드 드 꼬헤 뒤 쒸드

교통사고

mp3 **078**

교통사고가 났어요.
J'ai eu un accident de la circulation.
재 위 앵 악시덩 드 라 씨흐뀔라씨옹

차에 치었습니다.
J'ai été renversé par une voiture.
재 에떼 헝베흐쎄 빠흐 윈 부아뜌-흐

제가 다쳤습니다.
Je suis blessé(e).
쥬 쒸이 블레쎄

경찰과 구급차를 불러주세요.
Appelez-moi la police et l'ambulance, s'il vous plaît.
아쁠레 무아 라 뽈리쓰 에 렁뷜렁쓰 씰 부 쁠래

보험회사에 연락해 주세요.
Mettez-vous en contact avec la companie d'assurance, s'il vous plaît.
메떼 부 엉 꽁딱뜨 아베끄 라 꽁빠니 다쒸헝쓰 씰 부 쁠래

렌터카 회사에 연락해 주세요.

Contactez la compagnie de location de voitures.

꽁딱떼 라 꽁빠니 드 로까씨옹 드 부아뛰-흐

차번호는 AB-345-CA입니다.

Le numéro d'immatriculation est AB-345-CA.

르 뉘메호 디마트히뀔라씨옹 에 아베 뜨후아꺄트흐쌩끄 쎄 아

제 과실이 아니에요.

Ce n'est pas ma faute.

쓰 네 빠 마 포뜨

저는 책임이 없어요.

Je ne suis pas responsable.

쥬 느 쒸이 빠 헤스뽕싸블

(경찰관에게) 사고증명서를 작성해 주세요.

Pourriez-vous faire un carnet de constat amiable?

뿌히에 부 패-흐 앵 꺄흐네 드 꽁쓰따 아미아블

병원

몸이 안 좋아요.
Je me sens mal.
쥬 므 썽 말

부상을 당했어요.
Je me suis blessé(e).
쥬 므 쒸이 블레쎄

혼자선 움직일 수 없어요.
Je ne peux pas bouger tout seul.
쥬 느 뿌 빠 부제 뚜 쐴

구급차를 불러 주세요.
Appelez-moi une ambulance.
아쁠레 무아 윈 엉뷜렁쓰

병원에 데려다 주세요.
Conduisez-moi à l'hôpital, s'il vous plaît.
꽁뒤이제 무아 아 로삐딸 씰 부 쁠래

278

의사를 불러 주세요.
Appelez-moi un médecin, s'il vous plaît.
아쁠레 무아 앵 메드쌩 씰 부 쁠래

한국어를 할 줄 아는 의사를 불러 주세요.
Appelez-moi un docteur qui parle coréen.
아쁠레 무아 앵 독뙤-흐 끼 빠흘르 꼬헤앵

응급 처치해 주시겠어요?
Pouvez-vous me donner les premiers soins?
부베 부 므 도네 레 프흐미에 쑤앙

진찰을 받고 싶은데요.
Je voudrais me faire examiner.
쥬 부드해 므 패-흐 에그자미네

예약을 하고 싶은데요.
J'aimerais prendre un rendez-vous.
쟴므해 프헝드흐 앵 헝데 부

mp3 **080**

여기가 아픕니다.
  J'ai mal ici.

재 말 이씨

배가 아픕니다. / 설사를 합니다.
  J'ai mal au ventre. / Je suis pris de diarrhée.

재 말 오 벙트흐   쥬 쒸이 프히 드 디아헤

머리가 아픕니다. / 감기에 걸렸어요.
  J'ai mal à la tête. / Je suis enrhumé(e).

재 말 아 라 떼뜨   쥬 쒸이 엉휘메

열이 있어요. / 식욕이 없어요.
  J'ai de la fievre. / Je n'ai pas d'appétit.

재 드 라 피에-브흐   쥬 내 빠 다뻬띠

저는 알레르기가 있어요.
  Je suis allergique.

쥬 쒸이 알레흐지끄

어디가 안 좋은 겁니까?
  Qu'est-ce que j'ai?

  께쓰 끄 쟤

이 보험증 쓸 수 있습니까?
  Acceptez-vous cette police d'assurance?

  악썹떼 부 쎄뜨 뽈리쓰 다쒸헝쓰

좀 좋아졌어요.
  Je me sens un peu mieux.

  쥬 므 썽 앵 뿌 미우

완쾌되려면 얼마나 걸리겠습니까?
  Combien de jours me faut-il pour guérir?

  꽁비앵 드 쥬-흐 므 포띨 뿌흐 게히-흐

여행을 계속해도 되겠습니까?
  Puis-je continuer mon voyage?

  쀠이 쥬 꽁띠뉘에 몽 부아야-쥬

약국

이 처방전을 약국에 가지고 가서 약을 사세요.
Vous allez acheter les médicaments à la pharmacie avec cette ordonnance.
부 잘레 아슈떼 레 메디까멍 아 라 파흐마씨 아베끄 쎄뜨 오흐도넝쓰

이 처방전으로 약을 조제해 주세요.
Donnez-moi un médicament selon cette ordonnance, s'il vous plaît.
도네 무아 앵 메디까멍 쓸롱 쎄 또흐도넝쓰 씰 부 쁠래

여기서 복통 약을 살 수 있습니까?
Puis-je avoir un médicament contre le mal au ventre?
쀠이 쥬 아부아-흐 앵 메디까멍 꽁트흐 르 말 오 벙트흐

이 약을 주세요.
Je voudrais ce médicament, s'il vous plaît.
쥬 부드해 쓰 메디까멍 씰 부 쁠래

치통 약 있습니까?
Vous avez un médicament contre les maux de dents?
부 자베 앵 메디까멍 꽁트흐 레 모 드 덩

이 약은 몇 시간 마다 복용합니까?
Je dois prendre ce médicament à quelle fréquence?
쥬 두아 프헝드흐 쓰 메디까멍 아 껠 프헤껑쓰

하루 세 번 식후(식전)에 복용하세요.
Prenez 3 fois par jour, après(avant) le repas.
프흐네 트후아 푸아 빠흐 쥬-흐 아프헤(아벙) 르 흐빠

통증과 열이 있으면 복용하세요.
Prenez ça quand vous avez de la douleur ou de la fièvre.
프흐네 싸 껑 부 자베 드 라 둘뢰-흐 우 드 라 피에-브흐

이 약은 얼마나 효과가 지속됩니까?
À peu près combien d'heures est-ce que ce médicament fait effet?
아 뿌 프헤 꽁비앵 되-흐 에쓰 끄 쓰 메디까멍 패 떼페

콘택트렌즈 용품 있습니까?
Vous avez des lentilles de contact?
부 자베 데 렁띠이으 드 꽁딱뜨

가글액	gargarisme (m)	갸흐갸히슴
가려움	démangeaison (f)	데멍쟤종
가루약	médicament en poudre (m)	메디꺄멍 엉 뿌드흐
가방	bagage (m)	바갸쥬
가슴	poitrine (f)	뿌아트힌
감기	rhume (m)	휨
감기약	médicament contre le rhume (m)	메디꺄멍 꽁트흐 르 휨
감기에 걸리다	enrhumé(e)	엉휘메
강간	viol (m)	비올
강도	cambriolage (m)	껑브히오라-쥬
거즈	compresse (f)	꽁프헤쓰
겨드랑이	aisselle (f)	애쎌
격심한 통증	douleur aiguë (f)	둘뢰-흐 에귀
경범죄	delit (m)	델리
경상	blessure legere (f)	블레쒸-흐 레졔-흐
경찰	police (f)	뽈리쓰
고름	abcès (m)	압쎄
고막	tympan (m)	떵뺑
고혈압	hypertension (f)	이뻬흐떵씨옹
골절	fracture (f)	프학뛰-흐
공복에	quand on a faim	껑 도 나 팽

관절	articulation (f)	아흐띠뀔라씨옹
구급차	ambulance (f)	엉뷜렁쓰
구역질이 나다	avoir mal au cœur	아부아-흐 말 로 꾀-흐
구토	vomissement (m)	보미쓰멍
궁둥이	fesse (f)	페쓰
귀	oreille (f)	오헤이으
긁힌 상처	éraflure (f)	에하플뤼-흐
급성의	aigu(ë)	애귀
기절	évanouissement (m)	에바누이쓰멍
기침	toux (f)	뚜
깁스	plâtre (m)	쁠라트흐
나른하다	se sentir <u>las</u>(se)	쓰 썽띠-흐 라(쓰)
내과	médecine des maladies internes (f)	메드씬 데 말라디 앵떼혼
내과의사	médecin (m)	메드쌩
내복약	médicament interne (m)	메디꺄멍 앵떼혼
놓고 오다	oublier	우블리에
눈	œil (m)	외이으
다리	jambe (f)	졍브
당뇨병	diabète (m)	디아베뜨
대변	excrèment (m)	엑스크헤멍
도둑	voleur (m)	볼뢰-흐
돈	argent (m) / monnaie (f)	아흐졍 / 모내

두드러기	urticaire (f)	위흐띠깨-흐
두통	mal de tête (m)	말 드 떼뜨
둔통	douleur sourde (f)	둘뢰-흐 쑤흐드
등	dos (m)	도
등의 통증	mal au dos (m)	말 오 도
땀	transpiration (f)	트헝스삐하씨옹
류머티스	rhumatisme (m)	휘마띠슴
만성의	chronique	크호니끄
맥박	pouls (m)	뿌
맹장염	appendicite (f)	아뺑디씨뜨
머리	tête (f)	떼뜨
멍, 타박상	meurtrissure (f)	뫼흐트히쒸-흐
목	cou (m)	꾸
목격자	témoin oculaire (m)	떼무앵 오뀔래-흐
목구멍	gorge (f)	고흐쥬
목발	béquille (f)	베끼이으
목의 통증	mal à la gorge (m)	말 아 라 고흐쥬
몸이 불편한	se sentir mal	쓰 썽띠-흐 말
무릎	genou (m)	쥬누
물린 상처	morsure (f)	모흐쒸-흐
물약	potion (f)	뽀씨옹
물집	ampoule (f)	엉뿔
바이러스성의	viral(e)	비할

반창고	sparadrap (m)	스빠하드하
발	pied (m)	삐에
발목	cheville (f)	슈비이으
발작	crise (f)	크히-즈
발진	éruption (f)	에휩씨옹
방광	vessie (f)	베씨
배	ventre (m)	벙트흐
배꼽	nombril (m)	농브힐
백신	vaccin (m)	박쌩
벌레물림	piqûre d'insecte (f)	삐뀌-흐 댕쎅뜨
범인	malfaiteur (f)	말패뙤-흐
벤 상처	coupure (f)	꾸쀠-흐
변비	constipation (f)	꽁쓰띠빠씨옹
병동	pavillon (m)	빠비용
병실	chambre de malade (f)	셩브흐 드 말라드
복용량, 용량	dose (m)	도즈
복통	mal de ventre (m)	말 드 벙트흐
부기	enflure (f)	엉플뤼-흐
부인과	gynécologie (f)	지네꼴로지
부인과 의사	gynécologue (m, f)	지네꼴로그
부작용	effets secondaires (m)	에페 쓰공대-흐
분실하다	perdre	뻬흐드흐
불면증	insomnie (f)	앵쏨니

287

붕대, 반창고	pansement (m)	뺑쓰멍
비뇨기과	urologie (f)	위홀로지
비뇨기과 의사	urologue (m, f)	위홀로그
뼈	os (m)	오쓰
삠	entorse (f)	엉또흐쓰
사건	affaire (f)	아패-흐
산과	obstétrique (f)	옵스떼트히끄
산과의사	obstétricien(ne) (m, f)	옵스떼트히씨앵(앤)
살인	meurtre (m)	뫼흐트흐
상처	blessure (f)	블레쒸-흐
생리	règles (f, pl.)	헤글
생리통	dysménorrhée (f)	디스메노헤
서명	signature (f)	씨냐뛰-흐
선천적인	congénital(e)	꽁제니딸
설사	diarrhée (f)	디아헤
설사를 하다	être pris de diarrhée	에트흐 쁘히 드 디아헤
성병과	vénérologie (f)	베네홀로지
성병과 의사	venerologiste (m, f)	베네홀로지스뜨
성추행	harcèlement sexuel (m)	아흐쎌르멍 쎅쒸엘
성형외과	chirurgie plastique (m, f)	시휘흐지 쁠라스띠끄
소매치기	pickpocket (m)	삐끄뽀께뜨
소변	urine (f)	위힌
소아과	pédiatrie (f)	뻬디아트히

소아과의사	pédiatre [m, f]	뻬디아트흐
소화불량	indigestion [f]	앵디제스띠옹
소화제	digestif [m]	디제스띠프
속 쓰림	brûlure d'estomac [f]	브휠뤼-흐 데스또마
손	main [m]	맹
손가락	doigt [m]	두아
손목	poignet [m]	뿌아네
손톱, 발톱	ongle [m]	옹글
수면제	somnifère [m]	쏨니페-흐
수술	opération [f]	오뻬하씨옹
수혈	transfusion sanguine [f]	트항스퓌지옹 썽긴
숨이 차다	étouffer	에뚜페
시럽	sirop [m]	씨호
식전	avant le repas	아벙 르 흐빠
식중독	intoxication alimentaire [f]	앵똑씨꺄씨옹 알리멍떼-흐
식후	après le repas	아프헤 르 흐빠
신경과	neurologie [f]	느홀로지
신경과 의사	neurologiste [m, f]	느홀로지스뜨
신경안정제	tranquillisant [m]	트헝낄리정
신경통	névralgie [f]	네브할지
신용카드	carte de crédit [f]	꺄흐뜨 드 크헤디
심장발작	crise cardiaque [f]	크히즈 꺄흐디아끄
심장병	maladie cardiaque [f]	말라디 꺄흐디아끄

쑤시는 통증	douleur lancinant	둘뢰-흐 렁씨넝
아스피린	aspirine (f)	아스삐힌
악성의	malin(ligne)	말랭(리뉴)
안과	ophtalmologie (f)	오프딸몰로지
안과의사	ophtalmologue (m, f)	오프딸몰로그
안약	collyre (m)	꼴리-흐
암	cancer (m)	껑쎄-흐
약	médicament	메디꺄멍
약국	pharmacie (f)	파흐마씨
약제사	pharmacien(ne) (m, f)	파흐마씨앵(앤)
어깨	épaule (f)	에뽈
어깨 결림	épaules courbaturées (f, pl)	에뽈 꾸흐바뛰헤
얼굴	visage (m)	비자-쥬
엑스레이 검사	radiographie (f)	하디오그하피
여권	passeport (m)	빠쓰뽀-흐
여행자수표	chèque de voyage (m)	셰끄 드 부아야-쥬
연고	pommade (f)	뽀마드
열	fièvre (f)	피에-브흐
영사관	consulat (m)	꽁쓀라
옆구리	flanc (m)	플렁
오한이 나다	avoir des frissons	아부아-흐 데 프히쏭
외과	chirurgie (f)	시휘흐지
외과의사	chirurgien(ne) (m, f)	시휘흐지앵(앤)

외용약	médicament externe [m]	메디꺄멍 엑쓰떼흔
용의자	suspect(e) [m, f]	쒸스뻬(뻬뜨)
위	estomac [m]	에스또마
위경련	crampe d'estomac [f]	크헝쁘 데스또마
위궤양	ulcère de l'estomac [m]	윌쎄-흐 드 레스또마
위반	contravention [f]	꽁트하벙씨옹
위염	gastrite [f]	갸스트히뜨
위장약	médicament pour l'estomac [m]	메디꺄멍 뿌흐 레스또마
유레일패스	Eurail pass [m]	으헤일 빠쓰
유방	sein [m]	쌩
유전성의	héréditaire	에헤디때-흐
유행성감기	grippe [f]	그히쁘
응급	urgence [f]	위흐정쓰
응급수술	opération à chaud [f]	오뻬하씨옹 아 쇼
이	dents [f, pl.]	덩
이가 빠진	édenté(e)	에덩떼
이가 아프다	avoir mal aux dents	아부아-흐 말 로 덩
이를 뽑다	arracher une dent	아하셰 윈 덩
이마	front [m]	프홍
인공호흡	respiration artificielle [f]	헤스뻬하씨옹 아흐띠피씨엘
일사병	insolation [f]	앵쏠라씨옹
임신	grossesse [f]	그호쎄쓰

긴급상황 필수단어

입	bouche (f)	부슈
입술	lèvres (f, pl.)	레-브흐
입원	hospitalisation (f)	오스삐딸리자씨옹
잇몸	gencive (f)	정씨브
장딴지	mollet (m)	몰레
재발	récidive (f)	헤씨디-브
재발행	redélivrance (f)	흐델리브헝쓰
재채기	éternuement (m)	에떼흐뉘멍
저리다	être engourdi(e)	에트흐 엉구흐디
절도	vol (m)	볼
접질림	foulure (f)	풀뤼-흐
정제, 알약	comprimé (m)	꽁프히메
정형외과	orthopédie (f)	오흐또뻬디
정형외과 의사	orthopédiste (m, f)	오흐또뻬디스뜨
종기	grosseur (f)	그호쐬-흐
주사	injection (f)	앵젝씨옹
주사기	seringue (f)	쓰행그
중상	blessure grave (f)	블레쉬-흐 그하-브
지갑	portefeuille (m)	뽀흐뜨푀이으
진단	diagnostic (m)	디아그노스띠끄
진단서	certificat medical (m)	쎄흐띠피꺄 메디꺌
진료기록부	fiche médicale (f)	피슈 메디꺌
진료실	cabinet de consultation (f)	꺄비네 드 꽁쓸따씨옹

진찰	consultation (f)	꽁쒤따씨옹
진통제	analgésique (m)	아날제지끄
질환, 질병	maladie (f)	말라디
찔린 상처	piqûre (f)	삐뀌-흐
찜질	cataplasme (m)	꺄따쁠라슴
처방전	ordonnance (f)	오흐도넝쓰
처방하다	prescrire	프헤스크히-흐
천식	asthme (m)	아슴
청진기	stéthoscope (m)	스떼또스꼬쁘
체온	température (f)	떵뻬하뛰-흐
체온계	thermomètre (m)	떼흐모메트흐
체포	arrestation (f)	아헤스따씨옹
출혈	saignement (m)	쌔뉴멍
충치	carie (f)	꺄히
치과	odontologie (f)	오동똘로지
치과병원	cabinet de dentiste (m)	꺄비네 드 덩띠스뜨
치과의사	dentiste (m, f)	덩띠스뜨
치료	thérapeutique (f)	떼하쁘띠끄
치질	hémorroïdes (f, pl.)	에모호히드
치통	mal aux dents (m)	말 오 덩
카메라	appareil-photo (m)	아빠헤이으 포또
캡슐	capsule (f)	꺕쓸
코	nez (m)	네

코가 막히다	avoir le nez bouché	아부아-흐 르 네 부셰
콧물	morve [f]	모흐브
타박상	contusion [f]	꽁뛰지옹
턱	menton [m]	멍똥
통증	douleur [f]	둘뢰-흐
틀니	dentier [m]	덩띠에
파상풍	tétanos [m]	떼따노스
팔	bras [m]	브하
팔꿈치	coude [m]	꾸드
폐렴	pneumonie [f]	쁘뇌모니
폭력	violences [f, pl.]	비올렁쓰
피부	peau [f]	뽀
피부과	dermatologie [f]	데흐마똘로지
피부과 의사	dermatologue [m, f]	데흐마똘로그
피부염	dermatite [f]	데흐마띠뜨
한국대사관	L'Ambassade de Corée du Sud [f]	렁바싸드 드 꼬헤 뒤 쒸드
할퀸 상처	égratignure [f]	에그하띠뉘-흐
항공권	billet d'avion [m]	비예 다비옹
항문	anus [m]	아뉘스
항생제	antibiotique [m]	엉띠비오띠끄
해열제	fébrifuge [m]	페브히퓌-쥬
허리	rein [m]	행

현기증이 나다	avoir des vertiges	아부아-흐 데 베흐띠-쥬
혈액형	groupe sanguin [m]	그후쁘 썽갱
협심증	angine de poitrine [f]	엉진 드 뿌아트힌
혹	bosse [f]	보쓰
혼수상태	coma [m]	꼬마
화상	brûlure [f]	브휠뤼-흐
회복	guérison [f]	게히종
효능	efficacité [f]	에피까씨떼
후천적인	acquis(e)	악끼(-즈)
흉터	cicatrice [f]	씨꺄트히쓰
흉통	mal au cœur [m]	말 오 꾀-흐